조선대학교 재난인문학연구사업단
재난인문학 연구총서 07

# 국가폭력과 공동체

• 이 책은 2019년 대한민국 교육부와 한국연구재단의 지원을 받아 수행된 것임
 (NRF-2019S1A6A3A01059888)

조선대학교 재난인문학연구사업단
재난인문학 연구총서 07

## 국가폭력과 공동체

초판1쇄 인쇄 2023년 2월 10일
초판1쇄 발행 2023년 2월 24일

기획      조선대학교 재난인문학연구사업단
지은이    정영수 정소라 조난주 김명훈 한순미 김주선 장은애
펴낸이    이대현
편집      이태곤 권분옥 임애정 강윤경
디자인    안혜진 최선주 이경진
마케팅    박태훈

펴낸곳    도서출판 역락
출판등록  1999년 4월 19일 제303-2002-000014호
주소      서울시 서초구 동광로 46길 6-6 문창빌딩 2층(우06589)
전화      02-3409-2060
팩스      02-3409-2059
홈페이지   www.youkrackbooks.com
이메일    youkrack@hanmail.net

ISBN   979-11-6742-450-1 94300
       979-11-6742-220-0 94080(세트)

재난인문학
연 구 총 서

07

조선대학교 재난인문학연구사업단

# 국가폭력과 공동체

◆

정영수·정소라·조난주·김명훈
한순미·김주선·장은애

역락

# 서문

## 『국가폭력과 공동체』의 간행에 부쳐

지난 2019년 12월 말 중국의 우한 지역에서 첫 환자가 발생한 후, 2020년 3월 11일 세계보건기구가 감염병의 세계적 대유행을 뜻하는 팬데믹을 사상 세 번째로 선언하였을 때도 우리는 코로나19가 이토록 오랫동안 우리의 삶을 뒤흔들어 놓을 수 있으리라고는 감히 상상도 하지 못하였던 듯하다. 그러나 3년의 세월이 훨씬 지난 지금까지도 코로나19는 여전히 우리 곁에서 머뭇거리고 있고, 거듭되는 백신의 개발과 접종에도 불구하고 그 변이종의 위세가 여전한 가운데 우리는 마스크를 벗어 던지는 데 두려움을 느끼고 있다.

이러한 시대적 상황 속에서도 본 사업단은 총 7년간의 사업 기간 가운데 절반을 넘어선 4년의 시간을 연구 아젠다인 <동아시아 재난의 기억, 서사, 치유—재난인문학의 정립>을 위해 노력해 왔다. 2단계 1년 차인 지난해는 재난이 끼친 영향과 그에 대한 대응의 문제를 조명함으로써 '재난인문학의 정립'에 한 걸음 더 가까이 가기 위한 접근법으로 학술세미나, 포럼, 초청특강, 국내 및 국제학술대회 등의 다양한 학술행사와 함께 사업단 내부 구성원 및 국내외 학술 네트워크 구성원이 공동으로 참여하는 협동 연구 모임인 클러스터(cluster) 운영을 통해 아젠다를 심화하기 위한 노력을 다각도로 시도하였다. 이러한 노력의 성과물로 빼놓을 수 없는 것이 클러스터 운영을 통한 연구총서 간행이라고 할 수 있는바, 본 사업단에서 간행한 일곱 번째 연구총서인 『국가폭력과 공동체』 또한 이러한 유형의 성과물에 해당하는 것이다.

국가폭력의 역사는 길다. 전 세계적으로도 그렇고, 우리나라로 한정해도 그렇다. 국가가 개입한 폭력이기에 폭력의 규모나 범위도 대단히 크다. 단순히 해방 이후 자행된 대한민국의 국가폭력만 봐도 그렇다. 제주 4·3, 광주 5·18, 여순 항쟁과 부마 항쟁은 극도로 잔혹했다. 그들의 총격은 무자비했고 탱크와 헬기까지 동원해서 시민들을 마구잡이로 죽였다. 죽지 않고 끌려간 사람들도 지독한 고문에 장애인이 되어 후유증을 앓거나 정신병리에 빠져 남은 세월을 통째로 잃어버리기 일쑤였다.

그렇다면 도대체 국가란 무엇인지, 폭력이란 무엇인지, 국가와 폭력은 왜 연관될 수밖에 없는지, 국가폭력에 무방비하게 놓이거나 대응하는 공동체는 어떤 양상을 보이는지 밝히지 않을 이유가 없다. 『국가폭력과 공동체』의 내용은 두 부분으로 나누어져 있다. 1부는 국가와 폭력의 연관을 철학적 관점을 통해 다루는 글로, 앞의 세 편이 여기 속한다. 2부는 국가폭력에 대한 공동체의 대응을 문학적 차원에서 살피는 글로 뒤의 네 편이 여기 속한다.

「국가의 탄생과 폭력」에서는 국가의 본질과 기능에 대한 여러 논의 가운데 홉스의 국가주의 국가론과 로크의 자유주의 국가론에 대해 다룬다. 먼저, 국가주의 국가론의 이론체계를 최초로 정립한 사람은 홉스이다. 홉스에 의하면 국가의 탄생은 바로 인간이 자연 상태에서 느끼는 불안과 공포를 벗어나기 위해 사회계약을 통해 만들어낸 것이다. 역사적으로 국가주의 국가론을 지지하는 정치세력은 자신들의 정권을 유지하기 위해 너무나도 많은 무고한 사람에게 공권력을 사용하여 탄압과 폭력을 가했다. 다음으로, 자유주의 국가론의 대표적인 이론가는 로크이다. 로크의 철학에서 평화로운 자연 상태의 인간이 자발적으로 사회계약이라는 구속을 원하는 이유는 자연 상태에 처한 인간이 가지는 권리들 간의 모순 때문이다. 나아가 로크는 인민의 저항권에 대해 평화적인 방법을 넘어 무력에 의한 저항을 주장한다. 국가가 무력에 의해 인민들의 생명을 위협할 경우, 인민들도 마찬가지로 무력에 의해 그러한 잘못된 국가권력에 맞서 싸울 권리를 가진다. 이 장에서는 국가주의 국가론이 가진 폭력성이 언제든지 행사될 수 있고, 이러한 부당한 국가폭력에 대해 시민들은 저항할 권리를 가짐을 보여준다.

「국가폭력과 정치적 책임 — 한나 아렌트의 사상을 중심으로」는 국가폭력이라는 악행을 이해하고 공동체의 일원으로서 국가폭력에 대한 '정치적 책임'에 대해 고찰한다. 아렌트는 권력을 인간에 대한 인간의 지배 수단으로 파악하지 않고 공동체와 자유로운 사회관계를 구성하는 힘으로 규정한다. 아렌트는 국가폭력의 가해자 분석을 '근본악'(radical evil)과 '악의 평범성' 개념을 통해 설명한다. 아렌트는 죄와 처벌의 문제보다는 '집단적 책임'(collective responsibility)에 대해 검토한다. 집단적 책임은 곧 아렌트가 강조하는 '정치적 책임'과 연결되며 여기에는 우리가 하지 않은 행위에 대한 책임이 포괄된다. 이 글은 국가폭력은 늘 새로운 관점에서, 역사적 전개과정을 맥락적 검토하며, 학제적인 방법으로 새로운 의미 찾기의 과정을 동반하는 작업이 이루어져야 함을 주장한다.

「폭력의 다양한 성격들」은 "모든 것은 권력 관계 안에 있다"라고 한 푸코의 테제를 "모든 것은 폭력 관계 안에 있다"는 테제로 변형시켜 폭력의 문제를 고찰한다. 고대 사회로부터 현대 사회에 이르기까지 폭력의 계보학을 살핀다. 폭력은 고대 사회에서 잔인한 신체형을 통해 권력 행사의 수단으로 사용되었다. 근대에 이르러 폭력은 신체가 아닌 정신을 겨냥하여 규범을 주체에 내면화함으로써 복종 주체를 양산한다. 후기 근대에 이르러 폭력은 특정 개인을 아주 효과적으로 착취하기 위한 새로운 전략으로서 자유의 감정을 활용하게 된다. 오늘날 폭력의 양상은 더욱 교묘하다. 폭력은 친밀한 관계나 일상적 관계에서도 발생한다. 나아가 이 장에서는 폭력의 정치적 성격, 폭력의 심리적 성격, 폭력의 사회적 성격, 폭력의 경제적 성격, 폭력의 친밀한 성격, 폭력의 책임적 성격 등 폭력에 대해 다양한 측면에서 설명하고 있다.

「국가폭력의 기원과 문학의 공동체에 관해 — 해방에서 한국전쟁기까지의 몇몇 소설을 중심으로」는 근대국가의 성립 과정에서 한국문학이 추구했던 문학적 공동체의 가능성과 불가능성을 아울러 탐색하기 위해 작성되었다. 이 글에서 다루고 있는 해방기 이후 몇몇 소설에서 확인되듯, 일시적이고 유동적인 문학의 공동체는 국가 내부의 모든 자원을 하나로 셈하려는 국민=국가의 구성적 폭력과 충돌함으로써 공동체의 공통적 목적의 필연성을 단절시키고 공동체의 (불)가능성이 사유될 수 있는 해방의 순간을 만들어낸다.

「사랑 사용법 — 오월, 당신의 기억을 필사하려면」은 오월 광주가 언어의 사용 불/가능성을 심문한다고 본다. 그것은 말을 할 수 있다거나 혹은 말할 수 없다거나 하는 유형의 증언 불/가능성을 가르는 사태가 아니라 그날의 기억을 남김없이 말한다는 것이 가능하지 않다는 것을 의미한다. 때문에 누가 어떤 언어를 사용해 오월을 기억하고 이야기할 수 있는가라는 물음이 거기에는 내장되어 있다. 구술을 기피하면서 말하지 않으려고 하는 사람들, 말을 잃은 이들의 시선에 사로잡힌 사물, 이미지, 장소 등 그 모든 것들이 입과 눈, 마음을 대신해 말할 수 있는 증언자들이다. 이는 기억 수집의 대상과 범위가 기록이나 구술을 넘어야 한다는 새로운 통찰로 우리를 안내한다.

「임철우 『봄날』에 나타난 5월 공수부대 폭력의 감정적 원리 연구」는 랜들 콜린스의 상호작용 의례이론을 바탕으로 공수부대의 잔혹한 폭력성이 어떻게 가능했는지를 살핀다. 공수부대는 같은 시공간 속에서 지독한 훈련을 함께 받았고 하나의 상징적 적을 상정하여 집합감정으로서의 유대감, 연대감, 도덕감, 종교적 애국심, 나르시시즘적인 도취, 분노와 증오 등의 감정을 키워나갔다. 그들은 상부가 조장한 상황과 권력 위계 속에서 국가는 절대 위기의 상황이고 데모대는 빨갱이이며 모든 분노는 그들에게 향해져야 한다는 특정한 의식적 감정적 편향성을 갖게 되었다. 이는 계엄령을 통한 광주 진압 명령과 결합되며 무차별적인 살육을 낳았다. 나아가 이 글은 집합적 감정에 대한 이론이 국가폭력을 분석하는 하나의 이론적 틀이 될 수 있음을 밝힌다.

「도래할 혁명을 위한 시학으로서의 4·3 ─ 김석범의 『화산도』(2015)를 중심으로」은 기존의 4·3 논의가 항쟁론과 폭동론 양단에 치우쳐 있다는 문제의식에서 출발하여 4·3 논의의 다변화를 모색하는 가운데 4·3을 '혁명'으로 명명한다. 구체적으로 바흐친의 서사이론인 다성적 대화주의를 경유하여 김석범의 『화산도』를 독해함으로써 서사를 통해 4·3의 의미가 '혁명'으로 정립되는 과정을 살펴본다. 나아가 4·3을 흘러간 과거가 아닌 현재와 미래를 횡단하며 거듭 출현하는 '혁명'의 순간으로 포착하는 가운데, 새로운 공동체를 구성하기 위한 계기로서 4·3의 가능성을 탐지하는 글이다.

본 재난인문학 연구총서 『국가폭력과 공동체』는 이와 같은 다양한 문제의식을 바탕으로 철학과 문학을 공부한 연구자들이 고민하여 모은 결과물이다. 국가의 존재 방식과 폭력의 연관, 폭력의 형태와 공동체의 대응에 대한 연구는 국가폭력과 공동체의 연관에 대한 집중적인 탐구가 될 것이다. 이러한 주제를 담은 연구총서가 만들어지기까지 연구자로 참여한 분들의 노고가 적지 않았을 터, 이 자리를 빌려 진심으로 감사드린다.

2023년 1월

조선대학교 인문학연구원 재난인문학연구사업단장

강희숙 씀.

# 차례

# 제1부

## 국가폭력에 대한 철학적 성찰

# 국가의 탄생과 폭력

정영수

(조선대학교 인문학연구원 HK연구교수)

# 1. 국가는 어디에?

2022년 10월 29일 토요일 저녁 서울 이태원 거리에는 대규모 인파가 몰려들기 시작했으며, 밤 10시 15분 좁은 골목에서 대규모 압사 사고가 발생했다. 처음에 2명이던 사상자는 점점 불어나 158명이 죽고, 196명이 부상을 당했다. 그 많은 인파가 몰렸음에도 불구하고, 참사가 발생한 골목길에는 시민들의 안전이나 질서 유지를 위한 어떤 조치도 취해지지 않았다. 이태원 근방에 투입된 137명 중 지역경찰이 32명, 교통경찰이 26명, 수사경찰이 50명이 있었지만, 참사가 발생한 지역에는 전혀 경찰이 배치되지 않았다. 그 이유는 현 대통령의 '마약과의 전쟁' 선포로 인해 서울청 수사대가 계획한 마약 단속 때문이라고 한다. 대통령의 '마약과의 전쟁'이라는 말 한마디에 경찰은 시민들의 안전이 아닌 범죄자 검거에 총력을 기울인 것이다. 그 결과 그 누구도 상상하지 못한 참사가 발생했다. 시민들의 안전을 위해 '국가'라는 존재가 출현해야 할 곳에서 출현하지 못한 참사이다. 국가는 국민의 안전과 행복을 위해 존재하는 것이다. 하지만 정작 나타나야 할 곳에서 국가는 없었다. 국가는 어디로 간 것일까?

대한민국은 20세기 많은 우여곡절을 겪었으며, 국가는 왜곡된 방식과 형태로 등장했다. 한국전쟁, 1960년 4·19혁명, 1961년 5·16군사쿠데타, 1980년 5·18광주민중항쟁, 1987년 6월 민주항쟁에 이르기까지 다양한 일들 속에서 국가의 공권력은 왜곡된 형태로 등장한다. 이러한 역사적 과정에서 국가폭력에 의해서 많은 희생자가 발생했다. 국가의 공권력은 시민들을 안전하게 보호하기는커녕 자신들의 정권을 유지하기 위해 억압하고 통제하고 심지어 죽이기까지 했다. 현재 대한민국은 잘못된 과거의 역사를 청산하기 위해 여러 측면에서 노력하고 있다. 현재 과거청산의 대상으로는 "동학농민전쟁, 친일반민족행위, 일제강점기의 강제동원, 강제이주, 제주 4·3사건, 한국전쟁 중 집단희생, 정치적 박해사건, 광주학살, 삼청교육대, 군의문사, 고문조작 사건"[1] 등이 있다. 국가폭력에 의해 많은 사람이 희생되었다는 사실을 알게 되었을 때, 국가란 무엇인가에 대해 다시 한번 자문하게 된다. 정말 국가란 무엇일까?

국가는 대통령이나 청와대, 국회, 헌법재판소와 같은 권력집단 혹은 기관으로 인식된다. 이러한 권력집단과 기관은 국민을 억압하고 통제하는 힘으로 이해된다. 독재국가에서뿐만 아니라 민주주의 체제 아래에서도 국가는 국민 개인의 권리와 존엄성을 위협하는 위험 요소이다. 이런 이유로 국가권력의 잘못된 오용을 방지하기 위해 삼권분립과 법치주의를 엄격하게 적용한다.[2] 이 글에서는 다양한 국가론에 대한 입장들을 살펴봄으로써 국가의 본질과 기능이 과연 무엇인지에 대해 규명하고자 한다.

---

1    이재승, 『국가범죄』, 앨피, 2010, 498쪽.
2    문지영, 『홉스&로크 : 국가를 계약하라』, 김영사, 2007, 19쪽.

국가의 본질과 기능이 무엇인지에 대해 여러 가지 규정들이 있을 것이다. 이 글에서는 그 가운데 대표적으로 홉스의 국가주의 국가론과 로크의 자유주의 국가론에 대해서 살펴보고자 한다.[3] 홉스와 로크의 국가론에 의하면 개인은 국가를 위해 존재하는 것이 아니라 국가가 개인을 위해 존재한다. 즉, 홉스와 로크의 국가론에 의해 국가와 개인의 관계에 대해 새로운 인식이 싹트기 시작했다는 것이다.[4] 국가주의 국가론의 이론체계를 최초로 정립한 사람은 홉스이다. 국가주의 국가론은 홉스의 정치관에 대해 고찰함으로써 밝히고자 한다. 다음으로, 자유주의 국가론의 대표적인 이론가는 로크이다. 자유주의 국가론은 로크의 사회계약론을 논함으로써 고찰하고자 한다.

## 2. 국가주의 국가론 : 홉스

토머스 홉스(1588-1679)는 17세기에 영국에서 활동한 정치철학자이다. 홉스는 권리와 정치의 문제를 자신의 평생의 철학적 테마로 삼았다. 홉스는 "국가를 순전히 비인격적인 권위로 보는 근대 국가 개념을 가장 명확하게 제시한 인물로 평가된다."[5] 홉스는 국가 지배의 정당성을 어떻게 확보할 것인가를 이론적으로 정립하는 것을 자신의 철학적 목표로 삼았다. 홉스는 자연 상태에서의 인간의 본성에 대한 논의로부터 국가의 탄생을 설명한다.

---

3    유시민, 『국가란 무엇인가』, 돌베개, 2017, 28-29쪽 참조.
4    문지영, 『홉스&로크 : 국가를 계약하라』, 29쪽 참조.
5    문지영, 『홉스&로크 : 국가를 계약하라』, 28쪽.

"자연은 인간이 육체적·정신적 능력의 측면에서 평등하도록 창조했다. … 능력의 평등에서 희망의 평등이 생긴다. 즉 누구든지 동일한 수준의 기대와 희망을 품고서 목적을 설정하고, 그 목적을 달성하기 위해 노력한다. 같은 것을 놓고 두 사람이 서로 가지려 한다면, 그 둘은 서로 적이 되고, 따라서 상대방을 파괴하거나 굴복시키려 하게 된다. 파괴와 정복을 불가피하게 만드는 경쟁의 주된 목적은 자기보존이다. … 이로써 다음과 같은 사실이 분명해진다. 즉 인간은 그들 모두를 위압하는 공통의 권력이 존재하지 않는 곳에서는 전쟁상태에 들어가게 된다는 것이다. 이 전쟁은 만인에 대한 만인의 전쟁이다."[6]

인간은 자연의 일부이며, 자연의 법칙을 따른다. 모든 인간은 자연 상태에서 평등한 권리를 지닌다. 즉, 모든 인간은 자연이 제공하는 절대적 권리와 자유를 소유한다. 자연은 인간을 정신적·육체적인 능력에 있어서 개인적인 차이는 있지만 평등하게 창조했다. 평등하게 창조된 인간은 유사한 욕망을 가지게 된다. 이 욕망은 가치 중립적인 인간 행위의 추동력으로 작용한다.[7] 모든 인간이 유사한 욕망을 가지고 있으며, 그것을 충족시키기 위해 노력한다. 하지만 그 욕망을 충족시켜줄 수 있는 현실적 재화는 한정되어 있다. 결국 인간은 자신의 욕망을 채우기 위해 타인과 다툴 수밖에 없다.[8] 자연 상태는 즉 법과 통치자가 존재하지 않는 무정부 상태이다.[9]

---

6  토머스 홉스 지음, 진석용 옮김, 『리바이어던1』, 나남, 2008, 168-171쪽.
7  토머스 홉스 지음, 『리바이어던1』, 77쪽 참조.
8  "홉스 역시 이해관계를 둘러싼 사회적 갈등과 충돌의 근원을 인간 본성에서 이끌어내고 있다. 그는 '인간들 사이에 분쟁이 발생하는 원인' 세 개를 바로 '인간의 본성'으로부터 찾아낸다. 그 '첫째는 경쟁(competition)이며, 둘째는 불신(diffidence), 셋째는

"자연 상태에서 '인간은 인간에 대해 늑대(homo homini lupus)'와 같다."[10] 홉스는 이런 이유로 자연 상태를 '만인에 대한 만인의 전쟁' 상태로 규정한다.

인간은 타인과의 투쟁에서 자신을 보호할 권리를 가지고 있다. 자연은 모든 인간에게 만인과의 투쟁에서 자기 자신을 보호할 수 있는 권리인 '자기보존 욕구'를 동등하게 부여했으며, 이 권리에 의해 자신을 보호하기 위해 타인에게 폭력을 쓰는 것도 정당화된다. "이런 자연 상태에서 인간은 어떻게 존재하는가? 한마디로 말해서 자연 상태에서 인간은 폭력에 노출된 채로 존재한다. 특히 '폭력적인 죽음에 대한 공포'가 지배하기 때문에 자기보존이라는 존재의 궁극적 목적을 달성하는 데 가장 위협적인 상태다."[11] "자기보존을 위해서는 다른 사람과 끊임없이 투쟁을 계속해야만 하고 타자로부터 인정받기 위해 힘겨루기와 죽기 살기 경쟁을 피할 수 없게 되었다."[12]

"만인이 만인에 대하여 전쟁을 하는 상황에서는 그 어떠한 것도 부당한 것이 될 수 없다. 정(正)과 사(邪)의 관념, 정의와 불의 구별이 존재하

---

공명심(glory)'이다. 그리하여 인간은 '경쟁'으로 인해 '이익 확보를 위한 약탈자'가 되고, '불신' 때문에 '안전보장을 위한 침략자'가 되며, 마지막으로 '공명심'으로 말미암아 '명예 수호를 위한 공격자'가 될 수밖에 없다고 강조한다. 이를테면 '이득'과 '안전'과 '명예' 욕구야말로 인간의 본성적 이기주의의 필연적 발로라는 것이다."(박호성, 『공동체론』, 효형출판, 2009, 529-530쪽)

9   김용환 외, 『폭력에 대한 철학적 성찰』, 철학과현실사, 2006, 181쪽 참조.
10  김용환 외, 『폭력에 대한 철학적 성찰』, 181쪽.
11  김용환 외, 『폭력에 대한 철학적 성찰』
12  김용환 외, 『폭력에 대한 철학적 성찰』, 182쪽.

지 않기 때문이다. 공통의 권력이 없는 곳에는 법도 존재하지 않는다. 법이 없는 곳에는 불의(injustice, 즉 불법)도 존재하지 않는다. 전쟁에서 요구되는 것은 오로지 폭력과 기만뿐이다. 정의·불의는 육체의 능력도 아니요, 정신의 능력도 아니다. 정의·불의가, 감각이나 정념처럼 인간의 육체적 및 정신적 능력의 일부라면, 세상에서 혼자 살아가는 사람에게도 있어야 할 것이다. 정의·불의는 사회생활을 하는 인간들과 관계있는 성질일 뿐, 고립적으로 존재하는 인간들과는 아무런 관계가 없다. 또한 그러한 전쟁상태에서는 소유(propriety)도, 영유(dominion)도, '내 것'과 '네 것'의 구별도 존재하지 않는다. 획득 가능한 모든 것이 자기 것이며, 자기 것으로 유지 가능한 기간 동안 자기 것이다. 인간의 자연적 상태가 얼마나 가혹한가 하는 것은 지금까지의 설명으로도 충분할 것이다. 그러나 인간이 그러한 가혹한 상태로부터 빠져나올 수 있는 가능성이 없는 것은 아니다. 그 가능성의 일부는 인간의 정념에서, 일부는 인간의 이성에서 생겨난다."[13]

홉스가 말하는 자연 상태는 바로 국가가 출현하기 이전의 상태를 말한다. 그 어떤 기준도 존재하지 않은 상태가 바로 자연 상태이며, 자연 상태에서의 인간은 오로지 자기 자신의 자기보존을 위해서만 힘을 쓴다. 자연 상태는 "이성 능력을 갖춘 감각적 존재가 구속력 있는 어떤 규칙이나 공권력에 의해 지배되지 않는 한 이들의 공동생활에는 갈등이 내재한다."[14] 자연 상태의 잠재적 폭력을 언제 당할지 모른다는 불안에서 벗어나기 위해

---

13    토머스 홉스 지음, 『리바이어던1』, 174쪽.
14    오트프리트 회폐 지음, 정대성·노경호 옮김, 『정치철학사』, 길, 2021, 323쪽.

서는 이성 능력을 갖춘 존재가 필요하다는 것이다. 인간의 타고난 욕망은, 자기보존 욕구와 행복 추구는 공동체를 형성할 수 없고 타인과 공존할 수 없는 폭력의 경향성으로 나아간다. 하지만 인간은 자신이 지닌 이성 능력에 의해 자연 상태를 벗어날 길을 찾는다.[15] 그것은 바로 국가이다. 인간은 '만인에 대한 만인의 전쟁' 상태라는 자연 상태의 불안과 공포에서 벗어나기 위해서 공동의 권력을 세워 국가를 탄생시킨다.

국가의 탄생은 바로 인간이 자연 상태에서 느끼는 불안과 공포를 벗어나기 위해 만들어낸 것이다. 자연 상태에서 인간은 서로를 해칠 수밖에 없는 불안 상태에 머무르게 되지만, 서로가 자기보존을 위해 국가라는 공동체를 만들기로 약속한 것이다. "인간을 평화로 향하게 하는 정념으로는, 죽음에 대한 공포, 생활의 편의를 돕는 각종 생활용품에 대한 욕망, 그러한 생활용품을 자신의 노력으로 획득할 수 있다는 희망 등이 있다. 그리고 이성은 인간들이 서로 합의할 수 있는 적절한 평화의 규약(規約, article)들을 시사한다."[16] 인간은 자연이 부여한 권리와 자유를 서로가 합의한 공통의 권력에 양도한다는 계약을 맺는다. 왜냐하면 모든 사람이 합의한 계약일 경우에만 폭력의 사용을 중지시킬 수 있는 효력을 발휘할 수 있기 때문이다.

"공통의 권력은 외적의 침입과 상호간의 권리침해를 방지하고, 또한
스스로의 노동과 대지의 열매로 일용할 양식을 마련하여 쾌적한 생활을

---

15  인간이 태어날 때부터 지니는 이성 능력은 이해득실을 계산하는 이성 능력이다. 이에 대해서는 다음을 참조하시오. "이동희, 「홉스에 있어서의 법과 국가」, 『법학논총』 제 32권 제2호, 2008."
16  토머스 홉스 지음, 『리바이어던1』, 175쪽.

보낼 수 있도록 하기 위한 것이다. 이 권력을 확립하는 유일한 길은 모든 사람의 의지를 다수결에 의해 하나의 의지로 결집하는 것, 즉 그들이 지닌 모든 권력과 힘을 '한 사람'(one Man) 혹은 '하나의 합의체'(one Assembly)에 양도하는 것이다. 다시 말하면, 자신들 모두의 인격을 지니는 한 사람 혹은 합의체를 임명하여, 그가 공공의 평화와 안정을 위해 어떤 행위를 하든, 혹은 (백성에게) 어떤 행위를 하게 하든, 각자가 그 모든 행위의 본인이 되고, 또한 본인임을 인정함으로써 개개인의 의지를 그의 의지에 종속시키고, 개개인의 다양한 판단들을 그의 단 하나의 판단에 위임하는 것이다. 이것은 동의 혹은 화합 이상의 것이며, 만인이 만인과 상호 신의계약을 체결함으로써 모든 인간이 단 하나의 동일 인격으로 결합되는 것이다. 이것은 마치 만인이 만인을 향해 다음과 같이 선언하는 것과 같다. '나는 스스로를 다스리는 권리를 이 사람 혹은 이 합의체에 완전히 양도하는 것을 승인한다. 단 그대도 그대의 권리를 양도하여 그의 활동을 승인한다는 조건 아래.' 이것이 달성되어 다수의 사람들이 하나의 인격으로 결합되어 통일되었을 때 그것을 코먼웰스 (Commonwealth)-라틴어로는 키위타스(civitas)-라고 부른다. 이리하여 바로 저 위대한 리바이어던(Leviathan)이 탄생한다."[17]

홉스는 모든 인간이 자신의 안위를 위해 시행한 사회계약을 신약(信約, covenant)이라 한다. 신약은 자연 상태에서의 한 인간과 인위적인 인격체인 국가나 군주에게 힘을 부여하는 것이다. 홉스의 철학에서 신약은 실제로 계약서를 작성하는 계약은 아닌 상상력에 의한 것이며, 서로가 권리를 주

---

17    토머스 홉스 지음, 『리바이어던1』, 231-232쪽.

고받는 일반적인 계약과는 다르다. 자연인으로서 개인은 계약이 성사됨과 동시에 자신의 권리를 통치자에게 양도하고 즉각적으로 신약의 내용을 실행하고, "통치권자는 인민에게 평화와 안전을 지속적으로 제공함으로써 신약을 이행한다."[18]

이처럼 인간은 "'자신들 모두의 인격을 지니는 한 사람 혹은 합의체를 임명하여, 그가 공공의 평화와 안전을 위해 어떤 행위를 하든, 혹은 (백성에게) 어떤 행위를 하게 하든, 각자가 그 모든 행위의 본인이 되고, 또한 본인임을 인정함으로써, 개개인의 의지를 그의 의지에 종속시키고, 개개인의 다양한 판단들을 그의 한 판단에 위임하는' 존재의 출현, 곧 '리바이어던'의 탄생으로 귀결되는 것이다."[19] 리바이어던의 탄생이 곧 국가의 탄생을 의미한다. 홉스에 의하면 국가의 탄생 계기는 바로 자연 상태에서 발생할 수밖에 없는 폭력을 막기 위한 상호 간의 계약에 의한 것이다. 국가는 "영원불멸인 신(immortal God)의 가호 아래 인간에게 평화와 안전을 보장하는 세속(지상)의 신으로서 평화와 공동방위를 위해 모든 힘과 수단을 마음대로 사용할 수 있다."[20]

"이 지상의 신은 코먼웰스(국가)에 살고 있는 모든 개인이 부여한 권한으로, 강대한 권력과 힘을 사용하여 국내의 평화를 유지하고, 단결된 힘으로 외적을 물리치기 위해 사람들을 위협함으로써, 모든 개인의 의지를 하나의 의지로 만들어 낸다. … '다수 사람들이 상호 신의계약을 체결

---

18  유시민, 『국가란 무엇인가』, 31쪽.
19  박호성, 『공동체론』, 효형출판, 2009, 530쪽.
20  유시민, 『국가란 무엇인가』, 31-32쪽.

하여 세운 하나의 인격으로서, 그들 각자가 그 인격이 한 행위의 본인이 됨으로써, 그들의 평화와 공동방위를 위해 모든 사람의 힘과 수단을 그가 임의로 사용할 수 있도록 한 것'이다."[21]

인간들은 자신들의 재산과 이익을 지키고, 서로 간의 폭력과 외부로부터의 침략을 방비하기 위해 공통의 권력을 수립했다. 공통의 권력이 바로 국가이며, 그 국가의 모든 권력과 힘은 주권자에게 귀속된다.[22] "이것은 자연 상태에 있어서의 각인의 타인에 대한 공격권과 저항권을 주권자에게 위임하는 것이다. 이리하여 자연 상태에서의 사적 권력이 주권자의 공적 권력으로 통합된다." 국가의 주권자는 절대적 권력을 행사하는 전제군주이다. 이러한 홉스의 주장은 전제군주의 절대권력에 헌법적 제약을 가하기 위한 혁명적 노력이 전개되던 시대적 조류와 맞지 않은 듯하다. 하지만 중요한 것은 홉스 국가의 주권자가 지니는 절대권력이 개인의 동의와 계약에 근거한다는 점이다.

홉스는 '나는 평화와 안전에 대한 진정한 위협이 국가 그 자체가 아니라, 경쟁심과 명예욕으로 들끓으면서 겁도 많은 인간들로부터 온다는 것을 어느 누구보다도 정확하게 간파했을 뿐'이라고 주장한다. 즉, 국가 그 자체가 폭력성을 지닌 것이 아니라 그 국가를 운영하는 인간의 경쟁심과 명예욕 등에 의해 위험 요소가 발생한다. "국가는, 왕이나 소수의 귀족들과 같은 인격체와 곧바로 동일시되지 않고 비인격적인 제도로서 확립된다면,

---

21   토머스 홉스 지음, 『리바이어던1』, 232쪽.
22   이동희, 「홉스에 있어서의 법과 국가」, 36-37쪽 참조.

폭력과 무질서의 원인이 아니라 오히려 그러한 문제를 잠재울 수 있는 바람직한 대안이라는 것이 리바이어던으로서의 국가를 제시한 홉스의 기본 생각이었다."[23]

## 3. 자유주의 국가론 : 로크

로크는 절대주의 왕권을 뒷받침해주던 왕권신수설(王權神授說)을 비판하고 정치 권력은 사회적 계약을 통해 형성되는 것임을 주장함으로써 인민이 정치적 주권을 가지는 자유주의적 정치질서의 토대를 마련했다.[24] 로크의 정치철학은 당시 영국 내의 왕권 정치에 반대하고 입헌주의에 찬성하는 비판적 지식인과 정치인들을 사로잡았을 뿐만 아니라 프랑스의 지식인, 예를 들어 볼테르(Voltaire, 1694-1778), 몽테스키외(Montesquieu, 1688-1755), 루소(Rousseau, 1712-1778) 등에게 영향을 미쳤다.[25] 더 나아가 로크의『통치론』은 미국 혁명의 지도자들인 제퍼슨(Jefferson, 1743-1826), 매디슨(Madison, 1751-1836), 애덤스(Adams, 1722-1803) 등에도 영향을 미쳐 미국 <독립선언서>에 반영되어 있다. 특히 로크가 정치철학에 있어서 영향을 미친 내용으로는 '동의에 의한 정부'의 원리[26]와 '저항권'[27]을 정당화했다는 데 있다.[28]

---

23 문지영,『홉스&로크 : 국가를 계약하라』, 89쪽.
24 문지영,『홉스&로크 : 국가를 계약하라』, 28쪽.
25 문지영,『홉스&로크 : 국가를 계약하라』, 103쪽.
26 이러한 주권재민의 원칙은 대한민국 헌법 제1장 1조 2항에 다음과 같이 반영되어 있다. "대한민국의 주권은 국민에게 있고, 모든 권력은 국민으로부터 나온다."
27 "'공동체 구성원의 복지'라는 신탁의 목적을 수행하는데 실패한 정부에 대해 국민이 저항권을 갖는다고 본 로크의 주장은 현대 사회에서 민주주의의 발전과 확산에 기여

먼저, 로크는 당시의 주된 정치이론으로 주장되던 왕권신수설을 비판한다. 로크는 왕권신수설의 주창자였던 로버트 필머(Robert Filmer, 1589-?)에 대한 비판으로부터 시작한다. 필머는 자신의 주된 저작인 『가부장론(Patriarcha)』(1680)에서 "가정과 왕국, 가부장권과 왕권을 동일시하며, 국왕의 권력은 아담과 그 직계 상속자들의 부권을 계승한 것이므로 왕권에 대한 도전은 신성 모독에 해당한다는 왕권신수설의 전형적인 논리를 정교하고 세련되게 전개했기 때문이다."[29] 로크는 아담은 왕권신수설에서 말하는 절대권력을 가지지 않았으며, 누가 그의 직계 후손인지 어떻게 알 수 있겠냐고 비판한다.[30]

로크는 왕권신수설에 대한 대안으로서 자연 상태 개념으로부터 출발하여 국가의 기원과 목적에 대해 제시한다. 자연 상태에서의 인간은 자유롭고, 평등한 존재이다. 로크는 자연 상태의 자유와 평등에 대해 다음과 같이 말한다.

---

했다."(문지영, 『홉스&로크 : 국가를 계약하라』, 109쪽)

**28** 문지영, 『홉스&로크 : 국가를 계약하라』, 108쪽.

**29** 문지영, 『홉스&로크 : 국가를 계약하라』, 112쪽.

**30** 로크는 『통치론』 제1장에서 다음과 같이 말한다. "세계의 모든 정부(government)sms 흔히 주장되는 것처럼 오로지 힘과 폭력의 산물이고 인간의 공동생활은 다름 아닌 바로 가장 힘센 자가 지배하는 야수들의 법칙에 의해서 지배받게 되며, 이러한 상황이 끊임없는 무질서와 불행, 소요, 선동 및 반란의 온상이다(이러한 사태는 상술한 가설의 추종자들이 시끄럽게 떠들어대며 반대하는 것이다)-이 타당하다는 점을 부정하고자 하는 자는, 로버트 필머 경이 우리에게 가르쳐준 것과는 다른 정부의 또다른 발생, 정치 권력의 또다른 기원 그리고 정치권력을 소유한 인격(사람이나 기관)을 수립하고 분별하는 또다른 방법을 필히 찾아내야 할 것이다."(존 로크, 강정인·문지영 옮김, 『통치론』, 까치, 1996, 8-9쪽)

"자연 상태는 완전한 자유의 상태이다. 다시 말해, 사람들이 타인의 허락을 구하거나 타인의 의지(will)에 구애받지 않고, 자연법의 테두리 안에서 스스로 적당하다고 생각하는 바에 따라서 자신의 행동을 규율하고 자신의 소유물과 인신(人身)을 처분할 수 있는 상태이다. 자연상태는 또한 평등의 상태이기도 하다. 그곳에서 모든 권력과 사법권(jurisdiction)은 상호적이며, 어느 한 인간도 다른 사람보다 더 많이 가지지 않는다."[31]

자연 상태의 인간은 자신의 몸을 자신의 의지에 따라 마음대로 할 수 있는 자유를 누릴 수 있다. 이러한 자유는 자기 멋대로 그 어떤 것이라도 할 수 있다는 의미에서의 자유가 아니다. 로크의 철학에서 자유는 타인의 의지나 권력에 예속되지 않는다는 의미이다. 로크의 자유 개념은 당시에 활동한 필머의 자유 개념이 방종과 동일한 것으로 이해하는 것에 반대하기 위해서이다. 필머는 이러한 자유 개념을 따를 경우 무정부적 혼란에 빠질 수 있다고 주장했기 때문이다.[32] 로크에 의하면 신은 인간에게 이성을 부여하여 창조했으므로 인간은 자연법을 파악할 수 있어서 자신의 자유를 위해 타인을 해치는 행위를 하지 않는다는 것이다. 평등의 문제에 있어서, 홉스는

---

31  존 로크, 『통치론』, 11쪽.

32  존 로크 지음, 『통치론』, 29쪽. "자유란, 로버트 필머 경이 우리에게 말하는 것처럼 '사람마다 각자 하고 싶은 대로 행동하며, 기분 내키는 대로 살며, 어떠한 법에도 구속되지 않는 자유'가 아니다. 정부 하에서 살고 있는 인간의 자유란 일정한 법률, 곧 그 사회에서 설립된 입법권이 제정하고 그 사회의 모든 사람에게 적용되는 공통된 법률을 가지는 것이다. 그 규칙이 정하지 않는 모든 사안에서는 나 자신의 의지를 따르는 자유, 즉 다른 인간의 변덕스럽고, 불확실하고, 알려지지 않은 자의적(恣意的) 의지에 종속되지 않는 자유이다. 자연의 자유가 자연법 이외에는 어떠한 구속 하에도 있지 않듯이 말이다."

자연 상태를 만인이 평등하기 때문에 모든 사람이 서로 다투는 투쟁이 일어나는 것으로 이해했지만, "로크는 자연 상태는 사람들이 각자 자유와 평등을 누리고, 또한 서로 돕고 선의로 대하는 평화로운 상태로 제시된다."[33]

홉스와 로크, 두 사람 모두 자연 상태를 가정하지만, 그 의미는 전혀 다르다. 홉스가 주장한 자연 상태는 만인이 서로 투쟁하는 상태이기 때문에 불안과 공포가 난무하는 상태이다. 사람들은 이러한 혼란의 상태를 벗어나기 위해 절대적 권력을 가진 국가를 출현시켰다는 것은 이해할 수 있다. 하지만 로크의 자연 상태는 너무나 살기 좋은 평화로운 상태처럼 그려지고 있는데, 사람들은 왜 자연 상태를 버리고 사회계약을 통해 국가를 탄생시키는 길로 향했는지에 대해 의문을 가질 수밖에 없다. 즉, 왜 사람들은 이렇게 살기 좋은 자연 상태를 버리고 사회계약이라는 강제력의 구속 아래로 들어가려 하는가?

> "자연 상태에서 개인은 그러한 권리(완전한 자유와 자연법의 집행권)를 가지고 있기는 하지만, 그 향유가 매우 불확실하고 끊임없이 다른 사람이 침해할 위험에 놓여 있기 때문이라고 분명히 답할 수 있다. 왜냐하면 모든 사람이 그와 마찬가지로 왕이고 모든 사람이 그와 평등하며, 그들의 대부분이 형편과 정의의 엄격한 준수자들이 아니므로, 그가 이 상태에서 가지고 있는 재산의 향유가 매우 불확실하기 때문이다. 이로 인해 그는 비록 자유롭지만 두려움과 지속적인 위험으로 가득 찬 이 상황을 기꺼이 떠나고자 한다."[34]

---

33  문지영, 『홉스&로크 : 국가를 계약하라』, 118쪽.
34  존 로크, 『통치론』, 119쪽.

로크의 철학에서 평화로운 자연 상태의 인간이 자발적으로 사회계약이라는 구속을 원하는 이유는 자연 상태에 처한 인간이 가지는 권리들 간의 모순 때문이다. 로크의 철학에서 자연 상태의 인간은 타인으로부터 구속받지 않을 몸의 자유를 가지고 있다. 또한 아버지로부터 유산을 상속받을 재산권을 가진다.[35] 또한 모든 인간은 범죄를 예방하기 위한 처벌권을 동등하게 가지며, 뿐만 아니라 손해를 입은 자는 손해배상 청구권을 가지고 있다.[36] 모든 사람에게 이러한 권리들이 평등하게 부여된다고 할 때 사람들 간의 충돌은 불가피할 수밖에 없다. 인간은 자연 상태에서 자유를 향유할 수 있지만, 반면에 인간들 간의 충돌로 인해 언제 피해를 당할지 모른다는 불안과 공포 느끼게 된다. 로크는 인간이 자연 상태에서 사회계약이라는 구속 상태로 나아가려는 이유가 바로 여기에 있다고 본다.

"인류는 자연 상태에 따르는 온갖 특권에도 불구하고 그들이 거기에
남아 있는 동안 단지 열악한 상황에 시달리게 되므로 급기야는 사회에
들어가려고 서두른다. 그렇기 때문에 우리는 일정한 수의 사람들이 잠시
라도 함께 이러한 상태에서 사는 것을 발견하기가 어렵게 된다. 그들이

---

**35** 존 로크 지음, 『통치론』, 180쪽. "모든 인간은 이중의 권리를 가지고 태어난다. 첫째, 그의 인신에 대한 자유로서 그 외의 다른 어떤 사람도 그것에 대해서는 권력을 가지지 못하며, 그것의 자유로운 처분은 오직 그 자신에게만 있다. 둘째, 다른 사람보다 먼저, 그의 형제들과 함께 그의 아버지의 재물을 상속받을 권리이다."

**36** 존 로크, 『통치론』, 16-17쪽. "손해를 입은 사람은 자신과 다른 사람이 공통으로 가지는 처벌권 이외에도 손해를 가한 사람으로부터 손해배상을 청구할 수 있는 특별한 권리를 가지게 된다. … 이처럼 상이한 두 개의 권리 중에는 하나는 범죄를 억제하고 유사한 범죄를 예방하기 위해서 처벌하는 것인데, 그 처벌권은 모든 사람에게 있다. 다른 하나는 손해배상을 받을 수 있는 권리인데, 이는 오직 피해를 입은 당사자에게만 속한다."

거기서 당면하게 되는 폐단, 곧 모든 사람이 가진 타인의 위반행위를 처벌할 권한이 불규칙적이고 불확실하게 행사됨으로써 생기는 폐단으로 인해서 그들은 정부의 확립된 법이라는 성역으로 도망가며, 거기서 그들 재산의 보존을 꾀한다. 바로 이를 위해서 사람들은 각자 기꺼이 자신의 처벌권을 포기하여, 그것이 그들 중에서 임명된 사람들에 의해서만 행사되도록 그리고 공동사회나 그러한 목적을 위하여 그들로부터 권위를 위임받은 자들이 합의하는 규칙에 따라서만 행사되도록 하는 것이다. 그리고 바로 여기에서 우리는 정부와 사회 그 자체는 물론, 입법권과 행정권 양자의 본래의 권리와 기원을 볼 수 있게 된다."[37]

자연 상태에서 인간은 몸의 자유와 재산권, 처벌권, 손해배상 청구권을 평등하게 가진다. 그러나 분쟁이 발생했을 때, 그것을 공정하게 판결할 권한을 지닌 법도 재판관도 존재하지 않고, 재판 결과를 실행한 권력 또한 부재하다. 자연 상태의 인간은 자신들이 가진 권리를 온전히 누릴 수 없다. 인간들은 자신의 권리를 누리지 못하는 상황에서 불안과 공포를 느낀다. 인간은 이 문제를 해결하기 위해, 즉 인간은 자신들이 가진 재산을 지키고 향유하기 위해 정부의 권력과 법의 필요성에 대해 공감한다. 인간은 자연 상태에서 주어졌던 처벌권을 포기하고 정부와 법에 양도한다.[38] 정치사회는 인간이 자연법의 집행권을 포기하고 공동체가 제정한 법에 따를 때

---

37   존 로크, 『통치론』, 121쪽.
38   존 로크, 『통치론』, 93쪽. "어떤 사람이 자신의 자연적 자유를 포기하고 시민사회의 구속을 받아들이는 유일한 방도는 재산을 안전하게 향유하고 공동체에 속하지 않는 자들로부터 좀 더 많은 안전을 확보하면서, 그들 상호간에 안전하고 평화로운 삶을 영위하기 위해서 다른 사람들과 함께 공동체를 결성하기로 합의하는 것이다."

존재할 수 있게 된다.[39] 이러한 자신에게 주어진 권력의 양도는 강요에 의한 것이 아니다.[40] 자유롭고 평등한 존재인 인간이 스스로 자신들의 재산을 지키기 위한 선택에 의한 것이다. 자신들의 재산을 지키기 위해 다수의 인간이 합의를 통해 공동체에 가입하여 출범시킨 것이 바로 정부이다.[41] 정부는 다수의 사람이 합의를 통해서만 하나의 정치 체제를 형성하게 되고, 사람들을 움직일 권리를 가지게 된다.[42]

정부와 법을 집행하는 사람들은 자신들로부터 권리를 위임받은 사람이 합의한 규칙에 따라야만 행사될 수 있다.[43] 로크는 인간이 자연 상태를

---

**39** 존 로크, 『통치론』, 83쪽. "어떠한 정치적 사회도 그 자체 내에 재산을 보전할 권력 그리고 이를 위해서 그 사회의 모든 범죄를 처벌할 수 있는 권력을 가지지 않고서는 존재하거나 존속할 수 없다. 따라서 각자의 구성원이 이 자연적 권력을 포기하고, 공동체가 제정한 법에 따라 모든 사건에 관해서 그 보호를 호소할 수 있는 공동체의 수중에 그 권력을 양도한 곳, 오직 그곳에서만 비로소 정치사회가 존재하게 된다."

**40** 존 로크, 『통치론』, 93쪽. "본래 인간은 모두 자유롭고 평등하고 독립된 존재이므로, 어떤 인간도 자신의 동의 없이 자연 상태를 떠나서 다른 사람의 정치권력에 복종할 수 없다."

**41** 존 로크, 『통치론』, 96쪽. "이 같은 권력의 양도는 하나의 정치 사회를 결성하고자 단순히 합의하는 것으로써 이루어지는데, 이러한 합의야말로 공동체에 가입하거나 그것을 결성하는 개인들 간에 실제 체결되고, 또 반드시 체결될 필요가 있는 협정의 전부이다. 그러므로 어떠한 정치사회든지, 그것을 시작하고 실제로 구성하는 것은 다수결을 산출할 수 있는 일정수의 자유인들이 단체를 구성하여 사회를 결성하기로 동의하는 것에 다름 아니다. 그리고 이것이, 오직 이것만이 지상에서 모든 합법적인 정부를 출범시켰고, 또 출범시킬 수 있었다."

**42** 존 로크, 『통치론』, 93쪽. "일정한 수의 사람들이 하나의 공동체나 정부를 구성하기로 동의할 때, 그들은 즉시 하나의 단체로 결합되어 하나의 정치체를 결성하게 되며, 거기서는 다수가 여타 사람들을 움직이고 결정할 권리를 가진다."

**43** 존 로크, 『통치론』, 85쪽. "일정한 수의 사람들이 결합하여 하나의 사회를 형성하고, 각자 모두 자연법의 집행권을 포기하여 그것을 공동체에게 양도하는 곳에서만 비로소 정치사회 또는 시민사회가 존재하게 된다. 그리고 이러한 일은 자연 상태에 있는 일정한 수의 사람들이 최고의 통치권력 하에서 하나의 인민, 하나의 정치체를 결성하고자 사회에 가입하는 곳이면 어디서나 일어나고, 그밖에 어떤 사람이 이미 결성된 정부에

벗어나 계약을 통해 정부를 형성하고 법을 만들게 되었는지를 설명하고 있다. 로크의 철학에서 법은 자유의 억압을 위한 것이 아니라 자유를 보장하고 확장하기 위한 것이다. 법은 인간에게 타인의 구속과 폭력으로부터의 자유를 보장해준다. 인간은 법의 보장에 기초하여 자신의 인신·행위·소유물 및 재산에 대해 규제할 수 있는 자유를 가지게 된다. 법은 인간의 자유를 더욱 보장하고 확장해주는 기능을 하는 것이다.[44]

> "이렇게 각 개인의 자연법 집행권을 위임 받은 공동체, 곧 국가는 '그 사회의 구성원들 사이에서 저질러진, 의당 처벌되어야 한다고 생각되는 이러저러한 범죄에 어떤 처벌을 가할 것인가를 결정하는 권력(곧 법을 제정하는 권력)'과 더불어 '외부인이 그 구성원에게 가한 침해를 처벌할 수 있는 권력(곧 전쟁과 평화에 관한 권력)', 그리고 구성원들 사이의 제반 분쟁에 대한 재판권 및 재판 결과의 집행권과 '필요할 때에는 구성원들이 가지 모든 힘을 사용할 수 있는 권력' 등 '전 구성원의 재산을 보존하기 위한' 모든 권력을 가진다."[45]

국가는 자연법 집행권을 위임받아 법을 제정할 수 있는 권력을 가진다.

___

가담하여 그것과 일체가 된 경우에도 일어난다."

**44** 존 로크, 『통치론』, 58-59쪽. "법의 목적은 자유를 폐지하거나 제약하는 것이 아니라 보존하고 확장하는 것이다. … 왜냐하면 자유란 타인의 구속과 폭력으로부터 자유로운 것인데, 법이 없는 곳에서는 그것이 가능하지 않기 때문이다. … 그것은 인간이 자신을 지배하는 그러한 법률이 허용하는 한도 내에서 그 자신의 뜻대로 그의 인신·행위·소유물 및 그의 전 재산을 규제할 수 있는 자유이다. 곧 그것은 타인의 자의적인 의지에 복종하는 것이 아니라, 그 자신의 의지를 자유롭게 따르는 데 존재한다."

**45** 조긍호·강정인, 『사회계약론 연구』, 서강대학교출판부, 2012, 219쪽.

법은 어떻게 만들어져야 하는가? "누구든 국가의 입법권이나 최고의 권력을 가진 자는 즉흥적인 법령이 아니라 국민에게 공포되어 널리 알려진, 확립된 일정한 법"이다.[46] 법은 인간의 자유를 침해하는 범죄를 처벌하기 위해 행사된다. 또한 국가는 공동체의 외부로부터의 침략을 방어하고 보호할 권한을 가진다. 즉, 국가는 다른 나라로부터의 침략 전쟁으로부터 자국민을 보호할 권력을 가진다. 나아가 국가는 구성원들 사이의 분쟁을 공정하게 해결하기 위한 재판권과 집행권을 가진다. 재판권과 재판 결과의 집행권은 구성원들의 재산을 보존하기 위한 권력이다. 이처럼 자연 상태에 있던 인간은 자신들의 자연법 집행권을 국가에 양도하여 법에 따라 자신들을 보호한다. 하지만 국가와 법의 집행은 "인민의 평화·안전 및 공공선이 아닌 다른 목적을 위해 행사 되어서는 안 된다." 만약 국가의 권력이 인민의 생명을 위협하고 잘못 행사되면 어떻게 해야 하는가?

"입법부가 야심·공포·어리석음 또는 부패로 인해 인민의 생명·자유
및 자산에 대한 절대적인 권력을 자신들의 수중에 장악하거나 아니면

---

46  존 로크, 『통치론』, 123쪽. "(계약을 통해 사회의 수중에 양도하여 설립되는) 그 권력은 자연 상태를 그토록 불안하고 불편하게 만드는 상술한 세 가지 결함을 제거함으로써 모든 사람에게 재산을 보장해줄 의무를 부담한다. 그러므로 누구든 국가의 입법권이나 최고의 권력을 가진 자는 즉흥적인 법령이 아니라 국민에게 공포되어 널리 알려진, 확립된 일정한 법률로 다스려야 한다. 그는 또한 공평무사한 재판관을 임명하여 그로 하여금 그러한 법률에 따라 분쟁을 해결하도록 해야 한다. 그리고 공동체의 물리력을 국내에서는 오직 그러한 법의 집행을 위해서, 그리고 대외적으로는 외국의 침해를 방지하거나 시정하고 공동체의 안보를 침입이나 침략으로부터 보장하기 위해서 사용해야 한다. 이 모든 것은 인민의 평화·안전 및 공공선이 아닌 다른 목적을 위해서 행사되어서는 안 된다."

그 밖의 다른 자들의 수중에 넘겨줌으로써 사회의 기본적인 규칙을 침해하게 되면, 언제나 그들은 인민이 그것과는 상반된 목적으로 그들의 수중에 맡긴 권력을 신탁 위반으로 상실하게 된다. 그 권력은 인민에게 돌아가며 인민은 그들의 원래의 자유를 회복할 권리와 (그들이 적합하다고 생각하는 바에 따라) 새로운 입법부를 설립함으로써 바로 그들이 사회에 가입한 목적에 다름 아닌 그들 자신의 안전과 안보를 강구할 수 있는 권리를 가지게 된다. 여기서 입법부에 관해 말한 것은 일반적으로 최고 행정권자에 관해서도 적용된다."[47]

자연 상태에서의 사람들은 자신들의 재산과 안전을 위해 처벌권 등 자연법을 양도하고 국가라는 최고 권력 체제를 만들어냈다. 하지만 국가가 본연의 기능을 망각하고 인민들을 보호하기는커녕 도리어 억압하고 착취한다면 어떻게 해야 하는가? 이 부분에 대해 로크는 인민들의 저항권이 있음을 주장한다.[48] 국가가 본연의 기능을 수행하지 못할 때 인민들은 그 국가, 즉 입법부에 저항하고 그것을 교체할 수 있는 권리를 가진다. 인민들은 자신들의 안전과 평화를 위해 국가라는 정치 체제를 만든 것이므로 그 국가 체제가 잘못 기능할 때 자신들의 안전과 평화를 위해 기능할 새로운

---

47    존 로크, 『통치론』, 208-209쪽.
48    존 로크, 『통치론』, 228쪽. "군주와 일부 인민 사이에 분쟁이 일어난다면, 나는 그러한 사례의 경우 직절한 심판관은 전체로서의 인민이라고 생각한다. 왜냐하면 군주가 그에게 맡겨진 신탁을 수행하고 있고, 법률의 통상적이고 일반적인 규칙의 적용을 면제받고 있는 상황에서 어느 누구든 자신들의 권리가 침해당하고 있음을 발견한다면 그리고 군주가 신탁에 반해서 또는 신탁을 넘어서 행동하고 있다고 생각한다면, 원래 의도한 신탁의 범위가 어디까지인가를 판단할 사람으로 전체 인민(최초에 그에게 그러한 신탁을 부여한) 이외에 달리 누가 있겠는가?"

국가로 교체할 권리를 가지는 것이다.

로크의 이러한 인민의 저항권은 오늘날 정치 체제에 있어서 중요한 이론적 토대를 제공하고 있다. 현재 전 세계에는 많은 독재 정권들이 존재한다. 독재 정권은 자신들의 안전과 이익을 도모할 뿐 인민들의 안전과 이익에 대해서는 전혀 고려하고 있지 않다. 심지어 이들 독재 정권은 인민들에게 폭력을 행사하고 심지어 살상하기까지 한다. 인민의 저항권은 입법부의 교체뿐만 아니라 최고 행정권자에게도 적용된다. 인민들의 자유와 권리를 보장하지 않고 도리어 억압과 폭력의 행사를 통해 자신들의 이익만을 추구하는 최고 행정권자는 교체되어야 한다.

> "입법부가 사회에 그토록 필요한, 그리고 인민의 안전과 보존이 걸려 있는 업무를 수행하는 것을 (행정부의) 무력에 의해 방해받을 경우, 인민은 무력에 의해서 제거할 권리가 있다. 상황과 조건을 불문하고 권한 없는 힘의 사용에 대한 진정한 치유책은 힘으로 대항하는 것이다. 권한 없이 힘을 사용하는 자는 항상 침략자로서 전쟁상태를 자초하는 것이며, 따라서 그와 같이 취급되어 마땅하다."[49]

로크는 인민의 저항권에 대해 평화적인 방법을 넘어 무력에 의한 저항을 주장한다. 국가가 무력에 의해 인민들의 생명을 위협할 경우, 인민들도 마찬가지로 무력에 의해 그러한 잘못된 국가 권력에 맞서 싸울 권리가 가진다. 정당한 이유 없이 힘을 사용하는 자는 더 이상 국가의 통치자가

---

49  존 로크, 『통치론』, 148쪽.

아니라 침략자이다. 전쟁상태에서 침략자는 무력에 의해 제거해야 할 대상이다. 국가가 폭력을 사용하여 인민들을 해칠 경우, 인민은 침략자와 같은 국가에 대해 무력으로 제거할 권리를 가진다. 이러한 로크의 생각은 5·18 당시 시민군들의 무력 저항에 대한 이론적 정당성을 부여하고 있다. 왜냐하면 5·18에서도 국가의 공권력이 시민들을 학살하기 위한 잘못된 사용이 발생했으며, 이에 대해 광주의 일부 시민들은 격렬하게 침략자와 같은 국가의 공권력에 대해 저항한 것이다.

## 4. 시민을 위한 국가를 꿈꾸며

20세기 중·후반으로부터 현재에 이르기까지 대한민국의 국가권력을 지배했던 세력은 어떤 성격을 지녔는가? 4·19 이후 대략 50년 넘게 대한민국의 국가권력을 지배했던 정치세력은 국가주의 국가론을 신봉했다. 앞에서도 살펴보았듯이, 국가주의 국가론이 가장 표면에 내세우는 것은 시민들의 안전과 평화가 아닌 사회질서 유지와 국가안전보장이다. 다시 말하면, 국가주의 국가론에서는 한 사람의 시민보다는 국가가 우선이다. 국가주의 국가론이 공권력에 의해 국민의 안전과 생명을 위협했음에도 불구하고 대한민국에는 여전히 국가주의 국가론을 지지하는 정치세력이 존재하는 이유는 무엇일까? 그것은 아마도 대한민국 국민 가운데 많은 사람이 여전히 국가주의 국가론을 지지하기 때문일 것이다. 즉, 많은 국민이 국가의 치안과 국방을 유일한 국가의 목표로 설정하는데, 동의하고 있는 것이다.

국가주의 국가론을 지지하는 정치 세력은 자신들의 정권을 유지하기 위해 너무나도 많은 무고한 사람에게 공권력을 사용하여 탄압과 폭력을 가했다. 그들은 사회의 질서 유지와 국가의 안전보장에만 관심이 있을 뿐 사회의 취약 계층의 복지에 대해서는 무관심하다. 예를 들어, 대한민국은 많은 경제 발전을 이룩하여 선진국 대열에 들어섰지만 '사회권 저개발 국가'라는 암울한 그림자가 드리워져 있다. "선진국 대한민국은 사회·경제적으로 취약한 계급·계층·진단의 희생에 기초하여 이루어졌고, 불평등과 양극화라는 심각한 문제점을 내포하고 있다."[50] 국가주의 국가론에서는 사회의 취약 계층의 복지에 관심을 두지 않는다. 대한민국의 국민 가운데는 자신들이 복지 정책의 혜택을 받고 있으면서도 복지 정책에 무관심한 국가주의 국가론을 표방하는 정치세력을 지지하기도 한다. 그런 사람들은 그이유에 대해 국가관이 투철한 사람이 정치를 해야 한다고 믿기 때문이다.

지금까지 국가의 탄생 기원과 폭력의 가능성에 대해서 살펴보았다. 대한민국은 정치적 발전을 이룩해왔지만, 현재의 정치적 상황은 국가주의 국가론을 표방하는 정권이 들어섰으며 부정부패와 헌정질서를 파괴하는 일을 아무렇지도 않게 진행하고 있다. 대한민국의 정치가 더 좋아질 것이라는 낙관은 어리석은 생각일지도 모른다. 언제 다시 독재정치가, 공포정치가 다시 도래할지 모르는 일이다. 이러한 우려를 표명했던 유시민의 글을 인용하면서 마치고자 한다.

"국가주의 이데올로기는 민주화가 이루어지면서 현저하게 약화되었지만 이명박 정부에서 부활의 기지개를 켰으며 박근혜 정부에서 다시

---

50    조국, 『가붕 선진국』, 메디치, 2022, 21쪽.

한 번 본래의 모습을 드러냈다. 국가권력 사유화와 헌법파괴, 부정부패, 직무유기에 가까운 태만의 실상이 분명하게 드러난 시점까지 박근혜 정부는 국가주의 국가론을 따르는 일부 국민들의 견고한 지지를 기반으로 권력을 유지했다. 박근혜 대통령이 탄핵을 당했고 국민들이 집권 보수정당에 등을 돌렸기 때문에 유사한 사태가 다시는 생기지 않을 것이라고 낙관하는 사람이 있을지 모르겠지만 그렇게 단언하기는 어렵다. … 국가주의 이데올로기의 생명력은 흔히 생각하는 것보다 훨씬 더 강하고 끈질기다."[51]

---

51　유시민, 『국가란 무엇인가』, 50쪽.

# 국가폭력과 정치적 책임

—한나 아렌트의 사상을 중심으로—

정소라

(조선대학교 강사)

# 1. 들어가며

이 글은 아렌트(H. Arendt)의 사상을 중심으로 국가폭력이라는 악행을 이해하고, 공동체의 일원으로서 국가폭력에 대한 '정치적 책임'에 대해 고찰하려는 시도이다. 아렌트는 20세기 '전체주의'(totalitarianism)로 특징지어지는 "폭력의 세기"를 살았으며, 나치에 의해 약 600만명의 유대인이 학살당한 '홀로코스트'(Holocaust)에 대한 다양한 연구를 남겼다. 그녀가 남긴 『전체주의의 기원』[1]은 단순한 역사서가 아니라 유대인이 왜 대량학살의 표적이 되었는지에 대한 다양한 근거를 서사적으로 엮은 독창적인 연구물이다. 또한 '악의 평범성'(banality of evil) 테제로 널리 알려진 『예루살렘의 아이히만』[2]은 강력한 악행의 동기 없이도 조직적인 범죄에 가담하는 가해자의 새로운 유형을 제시하며 강력한 반발과 논쟁을 야기하는 동시에 주목을 받기도 하였다. 또한 『칸트 정치철학 강의』[3]와 『정신의 삶』[4]은 아이히

---

1   한나 아렌트, 『전체주의의 기원1, 2』, 이진우·박미애 역(파주 : 한길사, 2008).
2   아렌트, 『예루살렘의 아이히만 : 악의 평범성에 관한 보고서』, 김선욱 역(파주 : 한길사, 2006).

만(A. Eichmann)의 재판을 참관한 이후 그의 사유불능의 원인에 대한 숙고가 담겨 있으며, 아렌트가 남긴 강의록과 연설문, 논문 등을 엮어 출판된 『책임과 판단』[5]에서는 행위의 결과에 대한 행위자의 책임에 대해 깊이 살펴볼 수 있다. 이 외에도 『어두운 시대의 사람들』,[6] '폭력론'이 수록된 『공화국의 위기』[7] 등 아렌트의 저술과 통찰들은 현재까지 진행된 국가폭력에 관한 연구에서 폭넓게 인용되고 있어, 그 중요성과 직접적인 연관성을 확인할 수 있다.

## 2. 국가폭력과 국가권력

"국가는 폭력이다"[8]라는 자극적인 문구도 생경하게 느껴지지 않는 이유는 그만큼 인류 역사를 통틀어 국가가 주체가 되는 폭력의 경험이 다수 누적되었기 때문이다. 게다가 전통적인 정치 이론에서 권력과 폭력은 크게 구별되지 않았을 뿐만 아니라, 국가라는 체계를 유지하기 위한 거짓말과 폭력은 오히려 '필요악'으로까지 설명되었던 것이 사실이다. 그러나 18세기 중반부터 서구에서 시작된 '근대화'(modernization)는 곧 전지구화로 이어지면서 인류에 거대한 진보적 흐름을 가져오는 동시에, 더욱 노골적인 국

---

3    아렌트, 『칸트 정치철학 강의』, 김선욱 역(서울 : 푸른숲, 2002).

4    아렌트, 『정신의 삶 : 사유와 의지』, 홍원표 역(파주 : 푸른숲, 2019).

5    아렌트, 『책임과 판단』, 제롬 콘 편, 서유경 역(서울 : 필로소픽, 2019).

6    아렌트, 『어두운 시대의 사람들』, 홍원표 역(파주 : 한길사, 2019).

7    아렌트, 『공화국의 위기』, 김선욱·이양수 역(파주 : 한길사, 2011).

8    레프 톨스토이, 『국가는 폭력이다 : 평화와 비폭력에 관한 성찰』, 조윤정 역(파주 : 달팽이출판, 2008).

가폭력 현상이 벌어져 이에 대한 반성과 성찰의 요구가 커졌다.[9] 근대화의 성과로 인류는 빈곤과 질병으로부터 벗어났으며, 인구는 급증했다. 그러나 이러한 인구 급증은 또 다른 문제를 가져 왔다. 근대화의 가장 강력한 주체인 국가권력은 20세기에 과학기술의 발전을 맞이하였지만, 동시에 이를 전쟁과 대량학살의 도구로 사용하기도 했다. 국가가 주체가 된 폭력은 다른 나라를 향한 살상으로만 나타나는 것이 아니라 주권자인 국민을 상대로 잔혹하게 벌어져 충격과 공포를 안겨주었다.

그런데 정치는 꼭 폭력적이어야 할까? 아렌트는 폭력과 권력을 구분할 뿐만 아니라 이 둘이 대립적인 관계에 있다고 피력한다.[10] 그녀에 따르면, 폭력은 권력이 위험에 빠질 때 나타나는 것으로 폭력은 약함의 징후이다. 권력이 어떤 사회관계를 유지하는 데 더는 성공하지 못할 때, 이 사회관계를 강요하기 위해 폭력이 사용된다. 권력이 너무 취약하여 국민의 지지를 받지 못한 여론 조작의 유혹에 빠지고, 자신이 원하는 권력관계를 보존할 수 없을 때 폭력적 수단에 의존하게 된다. 아렌트는 두 가지 정치적 폭력을 드는데, 하나는 다원성을 말살함으로써 정치적 행위 자체를 불가능하게 만드는 전체주의이고, 다른 하나는 정치적 행위의 공간을 구성하기에는 너무나 약한 집단의 좌절감과 연결된 폭력이다.

아렌트는 권력과 폭력을 결코 동일하게 보지 않는다. 그녀는 권력은 결국 목적을 이루기 위한 수단이 아니라 정치적 행위를 가능하게 해 주는

---

9    홍성태, 「국가폭력과 기억의 정치 : 폭압적 근대화를 넘어서」, 『문화과학』, 40호(문화과학사, 2004), 93-96쪽 참조.
10   아렌트, 「폭력론」, 『어두운 시대의 사람들』, 207쪽 참조.

조건 자체라고 생각한다. 이런 관점에서 보면 권력 구조 자체는 모든 목적에 앞서고 그보다 오래 계속된다. 아렌트는 '정치적인 것'(the political)을 폭력의 부재를 특징으로 하는 행위의 공간으로 파악함으로써 '폭력이 없는 정치'의 가능성을 제시한다. 아렌트에 의하면 정치는 인간이 행할 수 있는 가장 자유로운 행위이다. 그렇기 때문에 정치는 생존을 위한 필연성에서 분리될 때에만 비폭력적일 수 있다.

아렌트의 권력 개념은 개인에게서 출발하는 것이 아니라 집단과 공동체에서부터 출발한다. 어떤 사람이 권력을 갖고 있다는 것은 국민이 공동으로 그에게 권한을 주었다는 것을 의미한다. 국민의 지지와 동의가 철회된다면, 그 사람의 권력도 끝난다. 폭력은 어떤 사람이 다른 사람에게 자신의 의지를 주장하는 강제라면, 이에 대한 유일한 대안은 참여자들 사이의 자유로운 합의이다. 이런 권력은 결코 다른 사람을 도구화하지 않는다. 시민들은 자유로운 토론과 의사소통을 통해 합의에 이를 때 생겨나는 것이 바로 권력이다. 이런 맥락에서 아렌트는 "권력은 민중에게 있다"는 경구를 인용하면서 "국민 또는 집단 없이는 어떤 권력도 존재하지 않는다"라고 단언한다. 이처럼 아렌트는 권력을 공동체와 자유로운 사회관계를 구성하는 힘으로 규정하지, 인간에 대한 인간의 지배 수단으로 파악하지 않는다.

사람들이 공동으로 행위(action in concert)를 하면 막강한 권력이 발생한다. 전체주의적 폭력이 아무리 막강할지라도 이에 대항하는 민중이 있다면, 권력은 폭력을 막을 수 있다. 물론 전체주의 정권은 민중의 항쟁을 대량 살상으로 막아버릴 수도 있겠지만, 누구도 죽은 자를 지배할 수는 없기 때문에 오래 지속되는 폭력은 스스로 몰락할 수밖에 없다. 아렌트는 권력을 공동체적 관점에서 파악함으로써 우리에게 정치적으로 행위할 것을 권유한다. 우리가 정치적으로 행위하는 한 폭력이 등장할 기회와 가능성은 그만큼 줄어들기 때문이다. 만일 어떤 정권이 권력을 폭력으로 대체하려는 경향이 보일 때, 우리는 더욱 정치적으로 행위해야 한다. 왜냐하면 모든 권력의 감소는 폭력에 대한 공개적인 초대이기 때문이다.

## 3. 국가폭력의 가해자 연구

국가폭력은 '국가가 저지르는 폭력'을 뜻하는데, 근대화 이전에는 국가폭력에 대한 인식이 비교적 명확하지 않았다. 전근대 국가는 절대 권력을 과시하며 폭력을 자행했기 때문이다. 그러나 인권과 주권 개념이 성장한 근대 국가에서는 '공식적으로' 폭력을 거부하며 이를 법률로써 명시화하고 있다.[11] 그럼에도 불구하고 UN 인권보고회의 보고서와 매년 세계인권 연차 보고서를 발간하고 있는 국제앰네스티(Amnesty International)에 따르면, 20세기 이후의 권력에 의한 살인과 정치적 반대자에 대한 괴롭힘과 고문 인권 탄압 등의 국가폭력은 더 늘어난 것으로 집계된다.[12] 그런데 인권에 대한 의식이 성장한 시기에 오히려 국가폭력이 근절되지 않고 더 늘어나는 이유는 무엇일까? 홍성흡은 「국가폭력 연구의 최근 경향과 새로운 연구 방향의 모색」이라는 논문에서 특히 1980년대 이후 국가폭력이 늘어난 이

---

11    같은 논문, 98-99쪽 참조.
12    홍성흡, 「국가폭력 연구의 최근 경향과 새로운 연구 방향의 모색」, 『민주주의와 인권』, 제7권 1호(전남대학교 5·18연구소, 2007), 9-10쪽 참조.

유를 다음의 두 가지로 이론으로 정리하고 있다.[13] 첫째, 현대의 국가들에서 다양성이 증가하고 사회분업이 복잡해짐에 따라 엘리트층의 지배나 국가의 정당성이 도전받는 등 통합이 위기를 맞이했고, 그에 따라 국가가 질서를 유지하기 위해 폭력에 의존해야 할 구조적이고 기능적인 필요성이 더욱 커졌다는 것이다. 둘째, 국가권력이 더욱 강력해지고 국내외 엘리트층에게 국가권력이 더욱 집중되어가기 때문에 국가폭력이 늘어났다는 것이다. 현대의 국가는 폭력이 필요해서가 아니라 엘리트층이 자신의 정치·경제적 목적을 달성하기 위해 자신들의 특권을 보호하고 확대시키기 위해 폭력을 수단으로 사용한다는 것이다. 전자의 경우 국가의 지배에 맞서는 저항운동을 부정적으로 보고 있으며, 국가폭력은 저항운동에 대한 대응으로 인식한다. 후자의 경우는 특권을 행사하고 강화하려는 엘리트층을 문제를 지적하고 있다. 물론 이러한 이유들로 합법적 절차를 무시하고 피해자들을 향해 물리적인 방법과 강제를 동원하여 무자비하게 억압한 국가폭력을 정당화할 수는 없다. 특히 국가폭력을 정당화하기 위한 과정에서 진실이 은폐되고 정황이 조작될 가능성이 높기 때문에 이에 대한 면밀한 조사는 반드시 이루어져야 한다.

그동안 축적된 국가폭력과 관련된 연구는 국가보다는 개인이나 지역집단을, 국가폭력보다는 저항운동에 초점이 맞추어졌다. 또한 국가폭력에 대한 연구도 주로 희생이나 희생자의 관점에서 수행되었기 때문에, 국가폭력의 수행자와 가해자들에 대한 연구가 동시에 이루어져야 한다는 반성과

---

13 　같은 논문, 13쪽 참조.

방향모색이 있었다.[14] 물론 기존에 가해자에 대한 연구가 없었던 것은 아니다.[15] 대규모 국가폭력에 대한 연구는 대부분 국가기구의 폭력기제나 이를 이끄는 최고위 권력집단의 범죄행위 중심으로 이루어졌다. 그런데 나치의 유대인 학살 집행자에 대한 연구로 널리 알려진 아렌트는 '악의 평범성'이라는 개념을 통해 국가폭력이 국가기구의 중간 및 하부 기능자들의 적극적 가담 없이는 가능하지 않다는 것을 밝혔다. 이는 누구라도 특정한 의도 없이 잠재적 국가폭력의 가담자가 될 수 있다는 점을 시사하는데, 우리 역사의 대표적인 국가폭력인 '제주 4·3사건', '여순사건', '광주 5·18항쟁' 등에도 동일한 설명이 가능하다. 아직도 진상규명과 과거사청산, 그리고 트라우마 치료 등 우리에게 남겨진 과제는 현재진행형이지만 국가폭력 가해자의 적극적인 처벌과 예방을 위해서 이러한 고찰은 중요해 보인다. 따라서 다음 장에서는 아렌트의 국가폭력의 가해자 분석을 '근본악'(radical evil)과 '악의 평범성' 개념을 중심으로 소개하고자 한다.

---

14  같은 논문, 20쪽 참조.

15  대표적인 국가폭력의 가해자 연구자로는 아도르노(T. Adorno), 스타이너(J. M. Steiner), 바우만(Z. Bauman), 아렌트(H. Arendt) 등이 있다. 아도르노와 스타이너는 유대인 학살 집행자들이 '권위주의적 성격'이나 잠재적 폭력성을 이미 가지고 있는 자들이었다고 바라보는 반면, 바우만과 아렌트는 평범한 인간들이 나치가 자행한 잔혹행위를 얼마든지 행할 수 있다고 진단한다. 주정립, 「국가폭력의 소외론적 분석 : 히로시마와 아우슈비츠, 광주의 '학살'을 중심으로」, 『한국동북아논총』 제43집(한국동북아학회, 2007), 199쪽 참조.

## 4. '근본악'과 '악의 평범성' 사이에서

아렌트가 미국 「뉴요커」(*New Yorker*)의 특파원으로 재판과정을 취재하여 기록한 『예루살렘의 아이히만』은, 출간 직후 유대인 집단 학살의 집행자에게 일종의 면죄부를 주는 것이라는 강한 반발에 부딪혔다. 일부에서는 아렌트가 아이히만에 대한 분석을 통해 가해자의 동기에 대한 일반적이고 포괄적인 설명을 했다고 평가했지만, 다른 한편에서는 이러한 해석에 반대하여 '악의 평범성'(banality of evil)이 아이히만이라는 특정한 개인에 대한 설명일 뿐 홀로코스트 가담자 일반에 대한 설명이 될 수 없다고 평가하기도 한다. 이러한 논쟁은 현재까지도 이어지고 있는데, 아렌트 역시 '악의 평범성'으로 홀로코스트를 가능하게 한 악의 속성 모두를 해명하려고 했던 것은 아니다. 아렌트는 나치에 의한 유대인 학살을 '근본악'(radical evil)이라는 부르는데, 이를 『전체주의의 기원』에서는 '절대악'이라고 쓰기도 했다.

> 모든 것이 가능하다는 전체주의 신앙은 이제까지 모든 것이 파괴될 수 있다는 것만 증명한 것처럼 보인다. 그러나 모든 것이 가능하다는 것을 증명하려는 과정에서 전체주의 정권은 스스로 인식하지 못한 채 처벌할 수도 용서할 수도 없는 죄가 있다는 사실을 발견했다. 불가능한 것을 가능하게 만들 때, 그것은 처벌할 수도 용서할 수도 없는 절대적인 악이 된다. 절대악은 이기심, 탐욕, 시기, 적개심, 권력욕이나 비겁함 같은 사악한 동기로 이해할 수도 없고 설명할 수도 없는 것이다.[16]

---

16  아렌트, 『전체주의의 기원2』, 251쪽.

아렌트는 이에 덧붙여 이러한 "근본악은 모든 인간이 똑같이 무용지물이 되는 시스템과 관련하여 출현했다고 말할 수 있다"[17]고 썼다. 아렌트가 사용한 '근본악'은 칸트(I. Kant)의 인용으로 본래 그는 이것을 '도착된 악마적 의지'라는 개념으로 사용했고, 여기에는 '근본악'을 설명할 수 있는 이해 가능한 동기들이 있다는 전제에 근거해 있다. 그러나 아렌트가 이 용어를 사용할 때에는 '가공할 현실로서 우리 앞에 나타나, 우리가 알고 있는 모든 기준을 붕괴시킨 새롭고 전례 없는 현상'으로서 '사람들의 인간성을 제거'하려는 시도라는 의미가 들어가 있다. 그래서 아렌트는 나치의 범죄를 '인간성에 대한 범죄'라고 주장한다. 그러나 아이히만의 재판에 참관한 이후 그녀는 나치의 이데올로기적 세뇌의 역할을 깨닫고 자신의 이해를 수정한다.

아렌트에게 아이히만은 대중사회가 낳은 소시민적 속물의 한 표본으로, 상상력이 부족하여 다른 사람들에게 입힌 고통으로부터 양심의 가책을 느낄 수 없는 자였다. 아이히만은 유대인들을 수용소에 집결시키고, 이송하고 절멸시키는 일을 담당하였지만 그는 지극히 '정상적'이고 평범한 인물이었다. 그는 단지 도덕적 책임능력이 없으며 옳고 그름을 구분할 수 없는 것을 넘어서, 자신에게 맡겨진 임무를 성공적으로 수행하는 것이 도덕적인 것이라고 확신하고 있었다. 아렌트는 독일사회, 유럽사회의 총체적인 도덕적 붕괴가 아이히만과 같은 개인에서 집단 살육에 대한 도덕적 정당화를 가능하게 했다고 진단한다. 아렌트는 『정신의 삶』에서 아이히만

---

17  같은 책, 252쪽.

에게서 받은 인상을 다음과 같이 밝히며, 이것이 자신이 정신 활동에 관심을 갖게 된 계기라고 설명한다.

> 나는 예루살렘 법정에서 진행된 아이히만 재판을 참관하면서 정신 활동에 직접적으로 관심을 갖게 되었다. (……) 나는 '재판'을 취재하고 보도하는 과정에서 '악의 평범성'에 대해 언급했다. 당시 나는 이 문구가 악을 이해하는 사상적 전통—문학이나 신학이나 철학의 전통—과 상반된다는 사실을 어렴풋이 인식했지만, 이 문구의 이면에 깔린 교의를 주장하지는 않았다. 우리는 악이 마력을 지닌 무엇이라고 배웠다. 악의 화신은 "하늘에서 번개같이 떨어진 사탄"(누가복음 10 : 18)이거나 타락한 천사인 루시퍼. 그런데 사탄의 원죄는 자만심이다. (……) 그러나 내가 대면했던 것은 이러한 것들과 전적으로 다르며, 부정할 수 없을 정도로 실체적이었다. 나는 아이히만에게서 나타나는 천박함에 충격을 받았고, 소름끼치는 그의 행적들에 내포된 악의 심층적 근원이나 동기를 추적하고 싶었으나 불가능했다. 아이히만이 재판을 받던 당시 매우 인상적이었던 것은 그는 아주 정상적이었고, 평범하면 평범했지 결코 악마적이거나 괴물같지 않았다는 사실이다. 그에게서는 확고한 이데올로기적 신념이나 특이한 악의적 동기와 같은 징후가 발견되지 않았다.[18]

아렌트가 아이히만에게서 발견한 것은 "우매함이 아니라, 사유하지 않음"[19]이었다. '사유의 부재'의 결과는 악행을 낳는다. 그러나 악행의 원인은

---

18   아렌트, 『정신의 삶』, 46-47쪽.
19   같은 책, 47쪽.

이것으로만 설명될 수는 없다. 조직화된 범죄인 국가폭력은 동기와 의도를 가진 '근본악'의 명령과 사유하지 않고 이를 수행하는 '악의 평범성'이 함께 맞물려 나타나는 것으로 보아야 할 것이다. 국가폭력에 가담한 가해자들은 복종에 길들여져 자신들이 하고 있는 일의 결과에 대한 명확한 의식이 없이 명령과 지시에 따라 움직이며, 자신의 행위에 대해서도 진정으로 반성하지 못하는 모습을 보인다. 광주 5·18항쟁에서 민간학살 행위를 주도하고 집행한 자들 역시 군대 내부의 위계서열 속에서 자신에게 주어진 일을 수행했을 뿐 살상에 대한 책임이 없다고 주장한 바 있다.[20] 물론 국가폭력 가담자들도 잔혹 행위에 동원된 이후 트라우마에 시달리기도 하고, 또 일부는 자신의 행위가 만행이라는 것을 인식하기도 한다. 그러나 도덕적 감각이 마비된 채로 자신에게 내려진 상관의 명령을 성실히 수행한 자들이 있었기 때문에 국가폭력이 나타났다는 점은 분명하다.

## 5. 국가폭력의 정치적 책임

앞에서 논의한 것처럼 국가폭력은 당연한 권력의 행사가 아닌 악행이자 범죄에 해당하며, 그에 따라 명령자와 수행자는 가해자 집단이라고 할 수 있다. 이들의 행위는 그 동기에 따라 '근본악'에 해당하건 '악의 평범성'에 해당하건 모두 죄를 물을 수 있다. 그러나 물론 그 죄의 경중에 따라 처벌은 달리 적용될 것이다. 아렌트는 이 죄와 처벌의 문제보다는 '집단적 책

---

20  한인섭, 『5·18재판과 사회정의』(서울 : 경인문화사, 2006), 168-69쪽 참조.

임'(collective responsibility)에 대해 검토한다. 이 집단적 책임은 곧 아렌트가 강조하는 '정치적 책임'과 연결되는데, 여기에는 우리가 하지 않은 행위에 대한 책임이 포괄된다.

자신이 하지 않은 일들에 대한 책임을 져야 한다면 어떨까? 자신이 적극적으로 참여하지 않은 상태에서 벌어진 일에 대해 스스로 유죄라고 생각하거나 죄책감을 느끼기는 어렵다. 피해자의 편에 서서 고통에 공감하고 가해자에 대해서는 심리적 거리감을 느끼며 분노하게 되는 것이 더 일반적일 것이다. 독일에서 나치가 벌인 홀로코스트에 대해서도 "우리는 전부 유죄다"라는 외침이 실제로 죄책감을 가지는 효과보다도 유죄인 자들의 죄를 덜어주는 데 기여했다는 점은 주목할 만하다. 모두가 죄인이라면 사실 어느 누구도 죄인이 아니라는 말의 다름이 아니다. 그런데 정말 우리가 속해 있는 이 공동체에서, 과거 혹은 현재 일어나는 국가폭력에 아무런 책임감을 갖지 않아도 될까? 극한의 고통 속에서 신음하고, 목숨까지 잃는 피해자들을 볼 때 가지는 부채의식이 '정치적 책임'과 어떻게 연결될까?

아렌트는 집단적 책임이 성립되려면 두 가지 조건이 제시되어야 한다고 말한다. 첫째, 내가 하지 않은 일로 문책을 당하는 것이 틀림없어야 한다. 둘째, 내가 책임을 추궁당하는 이유는 내가 자발적인 행위로 해체시킬 수 없는 어떤 집단에 속해 있다는 것이다.[21] 우리는 공동체를 떠남으로써만 이 정치적이고 집합적인 책임에서 도망칠 수 있다. 악행에 참여하지 않은 후손들이 그에 대한 정치적 책임을 진다는 것은 고통스러운 일이다. 그러

---

21    아렌트, 『책임과 판단』, 280쪽 참조.

나 아렌트는 타인에게 닥친 일이라 할지라도 '상상력'의 정신 능력을 통해 나의 일로 사유하여 공동체와 세계에 참여해야 할 수 있어야 한다고 말하고 싶어 한다. 공동체에서 이 책임을 나눠 갖는 행위를 통해 과거사의 고통스러운 기억은 치유되고, 화해의 시대를 열어갈 수 있는 '과거사청산'의 가능성을 열어준다. 이 책임을 과거의 저질러진 죄를 단죄하려는 것보다 미래에 다시 도래할 수 있는 국가폭력을 예방하려는 미래지향적인 의미를 가지기 때문이다. 물론 역사청산과 관련해서 가장 중요한 것은 왜곡되거나 은폐되지 않은 철저한 진상규명이 선행되어야 하고, 가해자와 피해자 사이의 명확한 사죄와 보상 등의 문제가 해결되어야 한다. 조직화된 범죄의 형태로 나타나는 국가폭력은 명확하게 규명하고, 정치적 해결책을 찾는다는 것은 결코 쉬운 일은 아니다. 가해자 스스로 반성하지 않는 경우도 있겠지만, 법적 처벌이나 사적인 보복이 두려워 죄를 인정하지 않기도 한다. 또한 스스로의 동기가 아니라 명령에 의해 가담한 가해자들은 자신의 책임을 전가하기 쉬우며, 모두의 책임으로 돌리는 순간 이들의 죄의식을 오히려 흐리게 하는 결과를 낳을 수도 있다.

이러한 우려에 대해서 영(I. M. Young)은 『정의를 위한 정치적 책임』[22]에서 아렌트가 죄와 책임에 대한 논의를 너무 열어두었다고 지적한다. 국가의 단순 성원권이라는 관념은 너무 정태적이라는 것이다. 영은 공동체의 일원의 책임에 동의하면서도 이들은 네 부류로 나누어 그 책임에 차등을 둘 것을 제안한다. 첫 번째 부류는 직접적인 가해자로서 '대학살 범죄를

---

22  아이리스 매리언 영, 『정의를 위한 정치적 책임』, 허라금 외 역(서울 : 이화여자대학교 출판문화원, 2018), 143-71쪽 참조.

저지른 자들'이다. 이 분류에 따르면 아이히만도 여기에 해당한다. 아이히만은 스스로 잘못된 일을 저지르지 않았다고 주장하지만, 그가 유대인 학살의 집행이라는 행위를 함으로써 벌어진 결과는 명백한 살인에 해당하기 때문이다. 두 번째 부류는 '죄는 없지만 책임을 져야 하는 자들'이다. 아렌트는 죄를 짓지 않은 사람들에게도 어떤 의미에서는 책임이 있다고 생각했다. 그것은 범죄에 대해 침묵하고 방관함으로써 생기는 소극적 책임일 수도 있고 단지 심리적으로 느끼는 부채의식에 해당할 수도 있다. 세 번째 부류는 '행위를 통해 죄를 피하거나 해악을 막으려 시도했던 자들'이다. 이들은 비난받을 일을 하지 않았을 뿐만 아니라 칭송받을 만한 행위를 한 사람들이다. 그러나 이들은 공적 영역에서 공개적으로 목소리를 내지 않았기 때문에 정치적 책임이 아니라 도덕적 책임을 다한 경우에 해당한다. 네 번째 부류는 '정치적 책임을 다한 자들'이다. 아렌트는 정치적 책임이 엄격히 집단적이라고 말하지만, 나치 독일에서 정치적 책임을 다한 극소수의 사례도 발견하였는데, 그들은 나치에 동조하지 않았을 뿐만 아니라 그들을 공개적으로 비판함으로써 정치적 행위를 통해 공적 영역에 영향력을 행사한 경우를 지칭한다.

영의 이러한 분류는 아렌트가 제시하는 막연한 '정치적 책임' 개념을 구체화하고 어떤 경우에 비난을 받고 어떤 경우에 칭송을 받을 것인지에 대한 기준을 명확히 한다. 특히 행위의 결과가 학살로 이어질 경우는 그가 느끼는 죄의식에 관계없이 범죄자로 구분하여 이들의 죄가 희석되는 것을 방지하고, 정치적 책임을 다 하는 것의 내용을 밝힘으로써 집단적으로 무력감에 빠지지 않도록 한다는 점에서 고무적이다. 이러한 구분은 국가폭력의 가해자뿐만 아니라 공동체의 성원들의 '정치적 책임'을 촉구하여 미래 지향적인 예방 효과를 가지는데 유의미하게 기여할 것으로 생각된다.

## 6. 끝나지 않은 국가폭력의 '기억투쟁'

만일 국가폭력에서 가해자와 피해자 모두가 합의할 수 있는 중립적이고 객관적인 '기억'이 있다면, 과거사청산은 훨씬 수월하게 진행될 수 있을 것이다. 또한 아렌트나 영이 그 중요성을 강조하는 것처럼 정치적 책임 논의도 분명하게 할 수 있을 것이다. 그러나 국가폭력은 항상 진실을 왜곡하기 때문에 그 책임소재를 분명히 하기까지의 과정이 늘 어렵고 시간도 상당히 소요된다. 국가폭력을 정당화하기 위해 억압의 목적이나 규모 등을 숨기고, 희생자들을 국가의 질서와 안위에 도전하는 저항세력으로 호도하거나 실제 자행된 잔인한 가혹 행위의 축소와 은폐를 시도한다. 그 결과, 피해자는 있지만 가해자는 불분명해진다. 과연 정치적 책임은 누구에게 물어야 하는가? 진실을 왜곡하고 그 책임은 묻혀버린 과거사의 기억과 피해자들의 트라우마는 국가폭력의 공포를 끊임없이 소환한다. 청산되지 못한 국가폭력은 시간이 흘러도 끊임없이 피해자들의 삶을 억압하고 고통스럽게 만든다. 따라서 국가의 공식적인 기억에 편입되기 위하여 희생자와 유족들은 삶을 철저히 짓밟히고도 힘겨운 싸움을 해야 하는 처지에 놓인다. 이러한 과거사를 바로잡기 위한 싸움을 '기억투쟁'(the struggle of memory)로 명명된다. 기억 투쟁의 관점은 국가폭력의 청산 작업이 과거의 일을 다룬다고 할지라도 '현재성'을 가질 수밖에 없음을 시사한다.[23]

우리는 기억과 관련하여 다음과 같이 물음을 던질 수 있다. "무엇이 우리의 과거인가? 과거가 우리의 집단적 정체성을 정의하는가? 우리가 기억하는 과거는 동일한 것인가? 어떻게 기억을 공유하는가? 공유된 기억은 역사와 같은 것인가?"[24] 기억은 과거와 사회의 관행의 표현을 전달하지만, 역사는 과거에 대한 지식이다. 우리가 기억하는 과거와 공식역사가 전하는 과거는 같지 않다. 기억이란 자신이 경험에서 저장된 이미지들을 끄집어내는데, 이것은 타인이 관여할 수 없기 때문에 매우 개인적이고 주관적인 것처럼 생각된다. 기억은 한 개인의 두뇌 속에 있는 기억체계에 의해 형성되고 변화되는 것으로 재구성을 반복한다. 그리고 기억은 완전히 주관적인 것이라고 말할 수도 없다. 왜냐하면 기억은 사회에서 공유되는 언어로 구조화되고, 시공간 개념에 의해 형성되고, 문화적 가치에 영향을 받기 때문이다. 따라서 기억은 사회나 문화에 의해서 특정 부분이 강조되거나 변형되거나 망각될 수 있다. 기억은 과거를 표상하는 한 양식이며, 과거의 일을 재현하는 능력이다. 과거에 대한 이미지는 선택적으로 연결하고 구조화하면서 특정한 과거상이 구성된다. 기억에는 현재적 맥락이 개입될 수밖에 없으며, 기억은 주관적이기만 한 것이 아니라 사회적이고 인공적인 것이라고 할 수 있다. 단일 사건에 대해서도 복수의 집합기억이 성립하며, 복수의 집합기억 사이에서 기억들은 투쟁한다.[25]

---

23   조희연 편, 『국가폭력, 민주주의 투쟁, 그리고 희생』(서울 : 함께읽는책, 2002), 455쪽 참조.

24   이성우, 「국가폭력에 대한 기억투쟁 : 5·18과 4·3 비교연구」, 『OUGHTOPIA : The Journal of Social Paradigm Studies』, Vol. 26, No. 1(경희대학교 인류사회재건연구원, 2011), 81쪽.

'기억투쟁'의 관점에서 국가폭력을 생각할 때 과거사 청산 작업은 상대적으로 많이 진행되어 있다고 하더라도 결코 완결형이 될 수는 없다. 정치권력이 바뀔 때마다 정부가 취하는 정치적 입장에 따라 이전의 과거사 청산의 방향성에 변동이 생길 수도 있으며, 국가폭력의 피해자들의 깊은 트라우마는 경제적 보상을 받았다고 해도 없었던 일처럼 치유될 수 있는 성질의 것이 아니다. 따라서 국가폭력은 늘 새로운 관점에서, 역사적 전개 과정을 맥락적 검토하며, 학제적인 방법으로 새로운 의미 찾기의 과정을 동반하는 작업이 이루어져야 한다. 또한 미래세대에게도 영상자료, 영화, 기념관, 문학작품 등의 다양한 매체를 활용한 접근 통로를 열어두어야 할 것이다.

---

25  같은 논문, 66-67쪽 참조.

# 폭력의 다양한 성격들

조난주

(전남대학교 철학과 박사과정 수료)

# 1. 들어가며

**인간의 삶에서 폭력은 일종의 상수(常數)처럼 보인다.** 현대 사회 이전의 폭력은 각종 전쟁, 신분 질서 및 성별에 따른 차별, 어린이 개념에 대한 부재에서 비롯된 아동 학대 및 아동 착취 등의 모습으로 등장했다. 인권 개념이 존재하는 현대 사회에도 여전히 국가 및 민족 간의 전쟁, 아동 학대, 성폭력 등이 발생한다. 더욱이 오늘날 폭력의 양상은 더욱 은밀한 형태를 띠면서 발생하는 것처럼 보인다. 물리적, 사회적 폭력뿐만 아니라 가스라이팅, 스토킹 등 심리적 폭력의 양상이 눈에 띄게 증가하고 있다. 폭력은 예나 지금이나 넘쳐흐르는 것 같다.

하지만 이는 폭력의 증가를 반증하는 것이 아니라 폭력의 다양한 양상들이 폭력 담론들 위로 드러났다고 표현해야 더 적절할 것이다. 예전에는 전혀 폭력이라고 인식될 수 없었던 것이 오늘날에는 '폭력'이라고 인식되고 비판된다. 폭력에 대한 인식틀이 변화하고, 그에 따라 폭력의 새로운 양상들과 성격들이 표면화된 것이다. 이제 더 이상 물리적 폭력만을 폭력이라고 생각하지 않는다. 폭력은 다양한 얼굴을 하고서 일상적 삶에서 전개된다. 우리가 맺는 모든 관계들에 폭력의 강도가 많든 적든 폭력은 늘 내재한다. 오늘날의 특유한 폭력의 다양성을 현대 프랑스 철학자 **미셸 푸코**(Michel Foucault, 1926-1984)는 '권력(pouvoirs)'이라고 부른다.

푸코는 권력과 폭력을 명확히 구분한다. 흔히 '권력'이라는 단어를 들으면 우리는 즉각적으로 금지하고 억압하며 배제하는 부정적인 이미지를 떠올린다. 그리고 마치 국가, 조직, 제도, 특정 개인이 권력을 소유한다고 생각한다. 그러나 푸코는 권력이 결코 선도, 악도 아니며, 소유할 수 있는 것도 아니라고 말한다. 그에 따르면, 권력은 지금의 우리를 가능하게 하는 긍정적인 조건이다. 또한 권력은 실체도 아니고 소유할 수 있는 것도 아닌, **권력 관계들**(relations des pouvoirs)이다. 권력은 개인들이 맺는 관계 내에서 서로가 자신의 사유나 행위, 품행을 통해 타인에게 영향을 미치려는 순간, 시작되고 나타나는 어떤 작용, 효과와 같은 것이다. 이 관계들 내에서 개인들은 타인의 자유를 통제, 결정, 제한하기 위해 자신의 자유를 활용하면서 타인에게 영향을 미치고자 한다. 권력은 일방적이고 획일적인 방식으로 강요되는 속성만 지닌 것이 결코 아니다. 권력은 각자가 자신의 자유를 활용하면서 타인에게 영향을 미치려는 일종의 놀이와 같다.[1]

반면 푸코에게 폭력은 개인의 자유가 전혀 확보되지 않은 상태에서 일방적으로 가해지는 것과 관련된다. 폭력 안에서 관계는 고착화되어 있고, 변형될 여지가 전혀 없다. 푸코는 극단적인 폭력의 예로 고문을 든다. 사지가 묶여 있고, 제갈이 물려 있어서 그 어떤 말도 할 수 없고 그 어떤 행위도

---

1   미셸 푸코, 「자유의 실천으로서 자아에의 배려」, 『미셸 푸코의 권력 이론』, 정일준 편역, 새물결, 1995, 113-15, 123쪽 참조.

할 수 없을 때 우리는 폭력 관계에 놓여 있다고 볼 수 있다. 그런데 만일 고문받던 개인이 창밖으로 뛰어내려 자살할 수 있거나 가혹한 고문에도 꿋꿋하게 원하는 대답을 하지 않거나 하고 싶은 대로 말을 한다면 이는 폭력이 아닌, 권력 관계에 놓인 것이라고 볼 수 있다. 권력들 간 으르렁거리는 전투가 계속해서 이루어진다면, 비록 개인이 전투를 하면서 온갖 고통에 직면할지라도 그는 폭력적 상황이 아닌 권력적 상황에 놓여 있다고 봐야 한다.

하지만 바로 여기서 권력과 폭력의 경계가 모호해지는 지점이 발생한다. 아무리 의지대로 저항할 자유가 개인에게 주어져 있다 하더라도, 물리적 폭력은 폭력이다. 물리적 폭력만이 아니라 비가시적인 언어 폭력, 심리적 폭력도 역시 폭력이다. 폭력의 문제를 개인의 자유로운 권력 놀이의 형식 하에서 고찰한다면, 그 어떤 것도 비판받아야 할 그러한 폭력이 될 수 없을 것이다. 이 글은 '모든 것은 권력 관계 안에 있다'고 한 푸코의 테제를 '모든 것은 폭력 관계 안에 있다'는 테제로 변형시켜 폭력의 문제를 고찰하려는 한 시도다. 우리는 누군가를 때리거나 배제하지 않고서도 폭력을 휘두를 수 있다. 심지어 우리가 누군가를 진심으로 사랑할 때도, 선한 동기와 의지를 가지고 행위할 때도 폭력을 행사할 수 있다. 우리가 생각하고 말하며 행위하면서 살아가는 한, 우리는 폭력의 행위자다. 이는 우리가 폭력에 대한 책임으로부터 자유로울 수 없음을 시사한다.[2]

---

2    본문을 들어가기에 앞서 이 글은 한병철, 『폭력의 위상학』, 김태환 옮김, 김영사, 2020 을 중심으로 전개된다는 점을 밝혀둔다.

## 2. 폭력의 계보학

원시 문화에서 폭력은 실체로서 이해되었다. 폭력은 비밀스러운 힘의 근원인 **마나**, 곧 "인간이 소유하고 축적하고 상실할 수도 있는 초자연적, 비인격적 실체"[3]였다. 원시적 세계에서 사람들은 살해함으로써 마나를 축적하고, 살해당함으로써 마나를 빼앗긴다고 생각하였다. 이 세계에서는 오직 죽이는 행위만이 중요했고, 무차별적인 살육이 자행되었다. 한편 **고대 사회**에 들어서 실체로서의 권력은 **위계적 관계로서의 권력**으로 변한다.[4] 그러나 여전히 폭력은 권력 행사에 있어서 중요한 수단이다. 그리스인들은 고문을 '필연', 또는 '불가피성'을 뜻하는 단어인 '아낭카이'라고 불렀는데, 이는 고문이 운명이나 자연법칙으로 받아들여졌음을 가리킨다.[5] **전근대 사회**에서도 폭력은 일상적이고 가시적인 현상이었다. 지배자는 죄인을 처형하고 고문하는 피의 무대를 통해 **칼의 권력**을 휘둘렀다.[6] 폭력의 연극적 전시에서 죄인의 신체는 모든 군중이 보는 앞에서 끔찍하게 훼손되고, 이를 통해 지배자는 자신의 권력을 화려하게 과시하고 한층 공고히 만들었다.

**근대**에 이르러 폭력에 구조적 변화가 발생한다. 폭력은 더 이상 공개된 장소에서 과시하듯 자행되지 않는다. 폭력의 대상은 신체가 아닌 정신을 겨냥한다. 폭력은 강한 힘으로 연출되는 것이 아니라 은밀하게 스며드는

---

3    한병철, 『폭력의 위상학』, 29쪽.
4    한병철, 『폭력의 위상학』, 30쪽 참조.
5    한병철, 『폭력의 위상학』, 13쪽 참조.
6    한병철, 『폭력의 위상학』, 15쪽 참조.

방식으로 작동한다. 폭력은 특정 규범을 개인에게 교육하고 그 규범을 내면화하도록 훈련시킨다. 개인은 **규범화**(normalisation)**의 폭력** 앞에서 **복종하는 주체**가 된다. 복종 주체는 규범을 내면화하면서 자신의 것으로 만든다. 따라서 그는 규범이 흔들리는 상황에서는 분노하고, 규범을 확인하게 되면 기뻐한다. 그에게 규범은 마치 물고기가 물을 만난 것처럼 편안하고 자연스러운 것이 된다.[7] 이제 폭력은 특정 개인을 더 이상 제거하지 않는다. 폭력은 타자를 **길들인다**. 폭력은 타자를 길들임으로써 착취한다. 폭력은 타자 착취를 효과적으로 수행한다.

**후기 근대**에 이르러 폭력의 양상이 다시금 변화한다. 이제 폭력은 단지 지배기구의 외적인 억압이나 외적 규범의 내면화에만 열을 올리지 않는다. 폭력은 특정 개인을 아주 효과적으로 착취하기 위한 새로운 전략으로서 **자유의 감정을 활용**하게 된다. **신자유주의 체제** 하에서 폭력은 개인의 자유를 강조하면서 개인이 스스로 자신을 착취할 것을 지시한다. 폭력은 "과잉 성과, 과잉 생산, 과잉 커뮤니케이션, 과잉 주의, 과잉 행동에서 나타나는 긍정적인 것의 대량화"[8]를 통해 행사된다. 이러한 폭력의 작용 속에서 개인은 **성과주체**가 된다. 개인은 지금보다 더 나은 성적, 실적, 더 좋은 신체, 건강, 더 많은 부와 명예 등을 갖기 위해 폭주 기관차처럼 빛이 손에 잡힐 듯 미래를 향해 달린다. 성과주체는 자신을 "하나의 프로젝트로 만든다."[9] 끝없는 프로젝트가 이어진다. 개인은 자발적으로 자신을 착취한다. 성과주

---

7    한병철, 『폭력의 위상학』, 20쪽.
8    한병철, 『폭력의 위상학』, 9쪽.
9    한병철, 『폭력의 위상학』, 20쪽.

체는 "스스로 불타버릴 때까지(번아웃) 스스로를 착취한다."[10] 폭력은 더이상 외부에서 가해지는 것이 아니다. 주체가 스스로 자신을 공격한다. 자신과 전쟁을 벌이는 주체들이 넘쳐난다.

한편 오늘날 폭력의 양상은 더욱 교묘하다. 폭력은 **친밀한 관계나 일상적 관계**에서도 발생한다. 폭력은 긴장된 분위기가 아닌 **부드러운 분위기**에서, 근엄하게 명령하는 얼굴이 아닌 **상냥한 얼굴**을 하고, 물리적이 아닌 **심리적**으로 행사된다. 이 폭력은 **쌍방향적**이다. 폭력 관계에서 가해자와 피해자는 고정되어 있지 않다. 사랑 관계의 경우, 양자 모두 서로 실제로 자신을 헌신하면서, 감정적으로 진실한 마음을 가지고서 상대방이 자신의 말에 따르기를 요구한다. 이때 관계에서 상대적 우위를 점하는 쪽은 감정의 순수함과 진실성을 상대방으로부터 더 많이 인정받는 쪽이다. 사랑 관계에서 만일 **가스라이팅**이 이루어진다면, 그는 상대방으로부터 인정받은 친밀한 감정을 교묘히 활용하여 우선 상대방의 자신감, 자존감, 자부심을 무너뜨리려 한다. 이후 상대방의 무너진 자기 관계를 기반으로 삼아 그는 자신의 의도와 목적에 맞게 상대방을 교묘히 길들이면서도 상대방이 그것을 '사랑'의 이름으로 받아들이도록, 곧 자신에 대해 한 치의 의심도 품지 못하도록 만든다. 이렇듯 폭력의 친밀한 성격은 어디에나 가까이서 그것도 '사랑'의 이름으로 진행되고 있는 폭력을 문제화한다. 그런데 이 폭력의 양상은 나 자신도 결코 예외가 아님을 또한 보여준다. 나의 순수한 감정과 의도 역시 어떤 상황과 맥락 속에서는 폭력으로 변화할 수 있기 때문이다.

---

10    한병철, 『폭력의 위상학』, 21쪽.

## 3. 폭력의 정치적 성격 : 적과 친구를 구별하기

후기 근대의 성과 사회가 도래하기 전까지, 폭력은 기본적으로 타자에 대한 외적 폭력 혹은 타자에 대한 내적 폭력이다. 우선 폭력은 **타자에 대한 외적 폭력**이다. **카를 슈미트**(Carl Schmitt, 1888-1985)에 따르면, "정치적인 것의 본질은 친구와 적의 구별이다."[11] 친구와 적의 대립은 선/악의 도덕적 대립이나 미/추의 미학적 대립과는 달리, 존재론적, 실존적 대립이다. 실존적 대립은 대상과 관련된 판단을 둘러싼 대결이 아닌 대상을 제거해서 실존을 보존하는 것을 문제로 삼는다. 그에게 정치란 적에게 실존을 위협받는 자신을 지키기 위해 적과 맞서서 싸우는 폭력의 현실성과 관련된, 사느냐 죽느냐의 문제다.[12]

그런데 사실상 적은 나의 정체성 구성에 필수적인, 정체성의 가능 조건이다. 지금의 나는 지금의 내가 아닌 것을 배제하는 과정에서 탄생한 것이다. 나는 "오직 타자, 적에 대한 면역저항 덕택에 나 자신이 될 수 있다.[13]" 적은 나와 함께 탄생하는 동시적·상관적 구성물이다.[14] 적을 규정할수록, 나의 정체성이 확고해진다. 적을 제거하는 행위를 할수록, 나의 정체성은 안정성을 획득한다. 슈미트는 적과의 대화나 타협이 아니라 전쟁을 치름으로써 자아가 형성될 수 있다고 본다. 그에게 정치적인 것은 친구와 적을

---

11  한병철, 『폭력의 위상학』, 68쪽.
12  한병철, 『폭력의 위상학』, 64, 65쪽 참조.
13  한병철, 『폭력의 위항삭』, 66쪽.
14  주체와 대상이 이미 실체로서 존재하는 것이 아니라 주체와 대상의 동시적·상관적 과정으로서 주체화·대상화만이 존재한다. 허경, 『미셸 푸코의 『지식의 고고학』 읽기』, 세창미디어, 2016, 33쪽 참조.

명확히 경계 짓고, 전선을 만들어내고, 전쟁을 수행하는 것이다. 이 전쟁에서 그 어떤 이상도, 그 어떤 규범적 합리화도 가능하지 않다. 오직 내가 죽느냐, 사느냐의 문제를 결정하는 실존적 합리화만이 문제다. 삶은 '진짜 투쟁' 안에서 '정치적 긴장'을 얻는다.[15]

슈미트의 **친구/적의 이분법**에 기초한 정치는 동일성의 정치다. 그에게 친구/적으로 규정될 수 없는 애매한 것, 부유하는 것, 구별 불가능한 것은 가능하지 않다. 슈미트의 폭력은 늘 외부로 향한다.[16] 타자는 일단 나의 의식에 규정되지 않은 채 눈앞에 있는 사물로서 드러난다. 그런데 나의 의식에 등장한 타자를 내가 규정하려는 순간, 타자가 나의 규정에 저항하는 존재라는 것을, 또한 그 역시도 자기 의식을 지닌 채 나를 규정하려는 존재라는 것을 인식하게 된다.[17] 나는 타자의 저항에 직면하여 타자를 나와 정체성을 공유한 친구로 규정하든가 혹은 나의 정체성을 위협하는 적으로 규정해야 한다. 타자가 자신의 의지를 기어코 굽히지 않고 나와 동화되기를 거부할 때, 타자는 적으로 판명된다. 나의 동일성, 실존성을 위협하는 적인 타자는 제거되어야 한다. **타자를 직접적으로 제거하려는 폭력**이 슈미트의 타자에 대한 폭력이다.

---

15   한병철, 『폭력의 위상학』, 68-73쪽 참조.
16   한병철, 『폭력의 위상학』, 72쪽 참조.
17   게오르그 빌헬름 프리드리히 헤겔, 『정신현상학』, 한길사, 2005, 217, 218쪽 참조.

## 4. 폭력의 심리적 성격 : 내면화된 타자와 나

프로이트(Sigmund Freud, 1856-1939)의 심리 장치에서 폭력의 대상은 외적 실재가 아니다. 폭력의 대상은 이미 **자신의 일부가 된 내적 실재**다. **초자아**는 내 속에 있는 타자로서 신, 주권자, 아버지다. 초자아는 사회가 요구하는 통념을 받아들이도록 강제하는 기관이다. 이러한 지배 구도 속에서 자아는 자신의 충동을 억압한다. 자아는 초자아의 명령을 양심으로, 무의식적 죄책감으로 발전시킨다. 자아는 "충동과 억압 사이의 적대적 긴장 상태"[18] 속에서 신경증을 앓는다. 밀어붙이고 강제하는 초자아와 초자아의 명령에 반기를 들고 도주하는 **이드** 사이에서 **자아**는 고통 받는다.

프로이트에게 타자는 이미 내 안에 둥지를 튼 타자이다. 타자는 나의 내부를 밀고 들어와 나의 동의도 받지 않고 자리를 잡는다. 타자는 "내 안에 있으면서도 여전히 내게 외적인 내사체를 이룬다."[19] 이 타자가 계속해서 나에게 영향을 미치고, 나에게 명령한다. 그런데 사실 내 안에 자리한 타자는 내가 이미 상실한, 더 이상 내 곁에 없는, 잃어버린 대상이다. 이 대상이 나의 일부가 되어 박제된 것이다. 실제로는 신도, 주권자도, 아버지도 늘 언제나 그렇게 존재하는 보편자가 결코 아니다. 그들은 단지 일회적으로만 존재한다. 그런데도 나는 어느 특정 순간에 내가 경험한 특정 신, 특정 주권자, 특정 아버지를 신 자체, 주권자 자체, 아버지 자체라고 믿으며 여전히 내가 마주하고 있다고 믿는다. 그들은 이미 지나간 존재자들이나

---

18  한병철, 『폭력의 위상학』, 40쪽.
19  한병철, 『폭력의 위상학』, 104쪽.

언제나 생생하게 내 안에서 살아 숨 쉬는 보편적인 존재인 것이다.[20] 그들은 언제나 내게 동일한 얼굴을 하고서 '하지 마라'고 명령한다.

한편 내가 리비도, 사랑, 애정, 의미를 투여했던 대상이 '죽음'에 의해 사라짐으로써 내게 흔적으로 남는 것이 아니라 나에게 상처를 주고 모욕을 줌으로써 흔적을 남긴다면, 그 흔적은 비슷한 상황에서 늘 같은 말을 되새기는 목소리가 된다. "대상에게 상처 입고, 무시당하고, 실망함으로써 애정과 증오의 대립이 대상과의 관계 속에 새겨지거나 기존의 양가성이 더욱 강화될 수 있는 그런 상황"[21]에서 대상의 상실은 슬픔이 아닌 우울로 경험된다. 나는 이미 내 곁에 없는, 죽어버린 대상을 증오해 마지않으면서 욕하고 비하하고 괴롭힌다. 그러나 사실 그 대상이 나의 일부가 되어 버린 이상 그것은 내가 나를 처벌하고 학대하는 것이 된다.[22] 나는 나에게 상처를 준, 나를 억압하는 타자를 증오하면서 동시에 나를 부정한다. 내적 폭력은 비가시적인, 그러나 늘 스스로에 의해 자행되는 폭력이다.

## 5. 폭력의 사회적 성격 : 정상/비정상을 구별하기

"푸코는 '정상/비정상' 이분법의 관념에 대한 역사적·비판적 검토를 통

---

20 언표(énoncé)는 **인식 대상**의 보편성을 비판하고 일회성을 강조하는 푸코의 개념이다. 언표의 집합으로서 담론(discours)은 대상 그 자체, 혹은 표상 그 자체의 보편성, 동일성이란 없으며 오직 특정 시, 공간 안에서 특정한 방식으로 구성된 것이다. 허경, 『미셸 푸코의 『지식의 고고학』 읽기』, 17, 82-89쪽 참조. 이러한 맥락에서 인식 대상인 아버지, 신, 주권자는 결코 보편적이지 않고 오직 일회적으로 존재한다.
21 한병철, 『폭력의 위상학』, 40쪽.
22 한병철, 『폭력의 위상학』, 40, 41쪽 참조.

해 개인의 정체성, 성적 정체성, 사소한 일상을 정치적 영역으로 설정한 선구적 인물이다."[23] 『광기의 역사』에 등장하는 구빈원은 비정상인에 대한 감금 실천의 예를 보여준다. 구빈원은 중세 시대에 나병 환자를 수용하는 기관이었다. 그런데 중세 말부터 점차 나병이 사라지자 나병 환자의 자리를 사회에서 버려진 이들, "현 사회가 규정하는 '정상'의 바깥으로 규정되는 자들"[24]이 대신한다. 매매춘 여성, 부랑자, 사기꾼, 마녀, 무신론자, 광인, 범죄자 등이 모두 한꺼번에 동일한 공간인 구빈원에 수용되었다. 이후 17세기부터 노동할 수 있는 자들은 사회 바깥으로 다시 보내지고, 범죄를 저지른 자들은 '감옥'에 수감되는 한편, 구빈원은 정신병자들을 수용하는 수용시설이 된다. 이러한 감금 실천의 역사가 보여주는 것은 **비정상의 본질은 정상의 본질과 함께, 동시에 탄생한다는 것이다.** 원래 정상인 것, 비정상인 것은 없다. 정상/비정상의 본질은 현 사회가 자신의 타자를 규정할 때 생겨난다. 정상/비정상의 구분은 현재의 권력관계 속에서 형성되는 역사적 산물이다. 정상과 비정상은 동시적, 상관적으로만 탄생하는 쌍둥이인 셈이다.[25]

1975년에 출판된 『감시와 처벌』에서 푸코는 **'정상화'하는 권력**으로서 규율을 비판의 대상으로 삼는다. **규율**(discipline)은 17세기에 등장한 정상화를 수행하는 권력의 새로운 기술이다. 이 기술은 인간 신체를 복잡한 기계로 간주하고 개인의 신체에 집중하면서 지각의 격자와 육체의 습관을 세밀

---

23   허경, 『미셸 푸코의 『광기의 역사』 읽기』, 세창미디어, 2018, 366쪽.
24   허경, 『미셸 푸코의 『광기의 역사』 읽기』, 123쪽 참조.
25   허경, 『미셸 푸코의 『광기의 역사』 읽기』, 59, 60, 101쪽 참조.

하게 조직한다.[26] 이 기술은 개인마다 따라야 할 통제의 영역을 정해주고, 개인을 전체의 한 부품처럼 연결시키며, 개인이 자발적으로 규율에 순응하도록 만들어내며, 이러한 힘들을 모두 결합하여 톱니바퀴처럼 굴러가는 내적 메커니즘을 완성시켜 개인을 특정한 방식으로 사유하고 행동하는 특정 주체로 만든다. 이 기술을 통해 각 개인은 현 사회가 정한 정상적인 규범에 따르는 신체를 자발적으로 형성하고, 그것을 욕구하게 된다.[27] 만일 개인이 조금이라도 정상에서 벗어나게 되면, 예를 들어 범죄를 저지르면 감옥으로, 병에 걸리면 병원으로, 나이가 들면 요양원으로, 비행을 일삼는 청소년은 보호센터로 입소하는 등 끝없는 규율 장치 안으로 들어가야 한다.[28] 규율은 그 자신이 기준으로 삼는, 권력 관계 속에서 만들어진 '정상성'을 개인에게 내면화하도록 강요하고 강제함으로써 정상 사회의 건설을 꿈꾼다. 규율의 폭력은 '정상'의 이름으로 특정 개인을 '비정상'으로 규정하는 데서 기인한다.

중세 말 서양에서 별다른 이유 없이 사람들을 무차별적으로 구빈원에 감금했던 일이 1960년대부터 1980년대까지 대한민국에서도 행해졌다. '형제복지원'을 비롯하여 전국 곳곳에 집단 수용 시설이 설치되어 사회에서 비정상적이라고 여겨지는 사람들을 매우 강압적으로 통제하고 관리하기 시작한 것이다. 수용인들은 부랑자들뿐만 아니라 아이, 장애인, 성인 등

---

26  토마스 렘케, 『생명정치란 무엇인가』, 67, 68쪽 참조.
27  조난주, 「코비드19시대의 인권과 생명권력」, 『시대와 철학』, 제33권 2호, 2022, 229쪽 참조.
28  조난주, 「코비드19시대의 인권과 생명권력」, 230쪽 참조.

다양했고, 대체로 도시하층민이거나 사회적 약자였다. 이들은 구걸하거나 껌을 팔다가, 술을 마시거나 부모 없이 혼자 놀고 있는 아이라서 등 노동 능력이 없고 일정한 주거가 없으며 사회 질서를 헤친다는 등의 이유로 단속되거나 납치되어 수용 시설에 갇히게 되었다. 이들은 명목상 '돌봄', '복지', '자활'을 위해 시설에 수용되었으나 시설 안에서 난무한 것은 이들에 대한 돌봄은커녕 온갖 폭력과 착취였다.

규율 폭력은 제도나 기관에서만 행사되는 것이 아니다. 가족과 같은 친밀한 사이에서도 '사랑'의 이름으로 자행된다. 부모는 자녀가 잘되길 마음에서 조언한다. 그러나 대게 조언은 사회 현실의 규범일 가능성이 높다. 예를 들어, 부모는 자녀에게 좋은 대학에 가서 좋은 배우자를 만나 좋은 가정을 이루며 살라고 말한다. 그것이 진정한 행복이고, 네 삶의 본질을 구성하는 것이라고. 하지만 이는 자녀 스스로의 내적 논리에 따라서 한 조언이라기보다 자녀가 '정상인'으로 성장하길 바라는 마음에서 비롯된, '사회적 욕망'의 언어일 뿐이다. 한편 자녀가 부모 스스로 생각하는 정상적 삶에 부합하지 않게 행동하면, 자녀에게 화내고 비하하거나 사랑을 철회한다. 가족이 정상인을 낳고 기르며 생산하는 하나의 중요한 규율 장치다. 사실 규율의 진짜 무서운 힘은 일상적이고도 친밀한 관계 안에서 작동한다는 사실인지도 모른다.

# 6. 폭력의 경제적 성격 : 신자유주의 시대의 성과 주체

**한병철**에 따르면, **신자유주의 체제** 하에서 사회는 규율사회에서 **성과사**

회로 변모했다.[29] 신자유주의의 기본 강력은 '자유로운 교환'이 아니라 '경쟁'이다. 신자유주의 체제는 국가와 시장의 협력 아래 경제적인 영역뿐만 아니라 가정, 교육, 사회 정책 등 모든 영역에서 경쟁적 질서가 구축되는 것을 목표로 삼는다.[30] 모든 영역이 경쟁적인 모습을 띠게 되고 각자가 서로와 경쟁하는 관계를 형성하게 되면서 개별자 고유의 경쟁 능력으로서 '인적 자본'의 중요성이 증대된다. 이제 소득은 노동자의 노동 시간이 아니라 노동자가 지닌 고유한 능력-자본에 의해 창출된다.[31] 이러한 경쟁적 질서 하에서 사회가 요구하는 주체는 "복종적 주체"가 아니라 "**성과주체**"다.[32]

신자유주의 체제는 인간이 '경쟁'을 통해 자신의 '능력'을 자유롭게 활용할 수 있는 성과주체, 곧 **자기 자신의 경영자**를 요구한다.[33] 성과주체는 자신을 마치 상품처럼 전시하고 진열하고자 한다. 그는 자신의 자유를 활용하여 자신에게 더 좋은 값이 지불될 수 있도록 노력한다. 그는 매력, 능력, 취미 등을 계발하여 어제보다 더 자신을 확장하고 변모시키고 재창조하고자 한다. 그는 사회적 비용이 드는 규율 없이도 적극적으로 경쟁체제의 게임 속으로 들어간다. 이처럼 신자유주의 체제는 주체의 **자유 감정**을 활용하면서 체제에 예속시키기에 더욱 교묘한 착취를 가능하게 한다.

---

29    한병철, 『피로사회』, 김태환 옮김, 문학과지성사, 2012, 23-27쪽 참조.
30    김현, 「폭력의 정치경제학」, 『민주주의와 인권』, 제19권2호, 전남대학교 5·18연구소, 2019, 342쪽 참조.
31    조난주, 「코비드19시대의 인권과 생명권력」, 234, 235쪽 참조.
32    한병철, 『피로사회』, 23쪽 참조.
33    사토 요시유키, 『신자유주의와 권력』, 49, 50, 54쪽 참조.

타자 착취가 아니라 **자기 착취**가 관건이 된다. 성과주체는 자신이 착취당하는데도 바로 그 자신이 자신을 착취하므로 이것을 전혀 착취로 인지하지 못한다.[34]

성과주체의 정신적 강령은 '해야 한다'가 아니라 '**할 수 있다**'이다.[35] 그는 결코 지금의 체제 안에서 자유롭지 않으면서도 자신이 그 어떤 예속으로부터 자유로운 주체라고 믿는다. 그러나 이때 자유란 이러저러한 삶을 선택할 자유가 아니라 오직 자신의 능력을 지금의 체제에 맞게 활용할 자유일 뿐이다. 신자유주의 체제는 인간에게 능력을 활용할 자유를 강제한다.[36] 따라서 오늘날 성과주체는 모든 것을 할 수 있을 것으로 가정된다. 성과주체는 사회가 요구하는 온갖 성과, 온갖 스펙을 모두 달성해야만 한다. 만일 그가 달성하지 못한다면, 그것은 사회가 그에게 과도하게 요구하기 때문이 아니라 자신의 능력이 부족하기 때문이다. 경쟁 체제 하에서 일등이 있으면 반드시 꼴등이 있기 마련인데도, 개인은 사회를 탓할 수 없다. 개인은 모든 결과의 책임을 자신의 탓으로 '당연하게' 돌려야 한다. 주체는 온갖 요구들과 절망스러운 결과 앞에서 점점 더 소진되어 만성적인 우울증을 겪게 된다.

성과사회의 폭력은 인간이 "경쟁적 질서 속에 포함되어 있으면서도 버려질 때, 즉 시장 내부에서 아주 형편없는 자본만을 지니고 있거나 경쟁력 없는 생명 존재가 되어 타인들로부터 차별과 배제를 '당연히' 받게 될 때

---

34 한병철, 『폭력의 위상학』, 20, 2, 581쪽 참조.
35 한병철, 『폭력의 위상학』, 44쪽 참조.
36 한병철, 『폭력의 위상학』, 21쪽.

발생한다."[37] 성과사회에서 성과주체는 위계화와 서열화를 끊임없이 생산하는 주체가 되고 이러한 게임의 규칙 하에서 승리한 개인은 패배한 개인의 품행과 자질에 대하여 문제 삼는 것을 '당연히' 여기게 된다.[38] 한편 각각의 성과주체는 성과사회가 휘두르는 폭력 앞에서 패배의 고통과 낙오의 불안을 안고 살아가게 된다. 각자는 게임에서 승리하기 위해 게임에 저항하지 않고 오히려 게임의 규칙에 더욱 자발적으로 복종하고 순응한다.[39] 모두가 자기 자신을 착취하며 삶을 영위하게 된다.[40]

## 7. 폭력의 친밀한 성격 : 가스라이팅, 길들이기의 효과

폭력은 국가나 기구, 제도에 의해서만 발생하는 것이 아니다. 어떤 폭력은 가정, 연인, 친구, 회사 등 친밀한 관계나 일상적 관계에서도 발생한다. 폭력은 근엄하게 명령하는 얼굴이 아닌 상냥한 얼굴을 하고서 가해지기도 한다. 폭력은 긴장된 분위기가 아닌 느슨한 분위기에서 발생하기도 한다. 폭력은 물리적으로만 행사되는 것이 아니다. 어떤 폭력은 심리적으로 행사된다. **심리적 폭력**에서 가해자와 피해자는 반드시 수직적인 관계이지만은 않다. 심리적 폭력에서 가해자는 부모가 아닌 자식, 상사가 아닌 부하 직원, 연장자가 아닌 연소자일 수도 있다. 심리적 폭력은 가해자가 피해자에게

---

37  조난주, 「코비드19시대의 인권과 생명권력」, 235쪽.
38  김현, 「폭력의 정치경제학」, 341, 344, 345쪽 참조.
39  조난주, 「코비드19시대의 인권과 생명권력」, 236쪽 참조.
40  한병철, 『심리정치』, 김태환 옮김, 문학과지성사, 2015, 17쪽 참조.

실제로 헌신함으로써, 상대를 진실로 위하면서도 가해지기도 한다. 그렇기에 가해자나 피해자 모두 자신이 폭력을 저질렀다고도 당했다고도 인지하지 못한다. 심리적 폭력은 너무나 교묘해서 폭력이라고 인지하기도, 폭력을 언어화하기도 어렵다.

심리적 폭력의 대표적인 예가 '**가스라이팅**'이다. 가스라이팅은 "타인의 심리나 상황을 교묘하게 조작해 그 사람이 스스로를 의심하게 만듦으로써 타인에 대한 지배력을 강화하는 행위로, <가스등(Gas Light)>(1938)이란 연극에서 유래한 용어이다."[41] 연극 <가스등>에서 남편인 잭은 상황을 교묘히 조작해 아내 벨라의 판단력을 흐트려 놓는다. 그녀는 결국 스스로를 믿지 못하게 되고 그 어떤 판단도 내릴 수 없는 지경에 이르러 완전히 정신을 지배당하게 된다. 가스라이팅은 사실 일상에서 자주 펼쳐지는 일이다. 상대방에게 친절을 베풀고 실제로 도움을 줌으로써 사적으로 친해진 뒤 상대방의 정신을 서서히 지배하거나 상대방의 죄책감이나 애정의 감정을 이용해 상대방을 권력 대상으로 삼고 지배하는 일은 어렵지 않게 접할 수 있는 일이다.

더 나아가 심리적 폭력은 가해자가 실제로 피해자를 위해서 헌신하거나, 순수한 의도를 가지고 행위하면서 일어나기도 한다. 이를 '**친밀한 폭력**'이라고 부를 수도 있을 것이다. 친밀한 폭력은 상대방에게 실제로 헌신하는 측면도 없지 않고, 자신의 진심도 없지는 않기 때문에 가해자조차 자신이

---

41　네이버 시사상식사전-'가스라이팅', https://terms.naver.com/entry.naver?docId=5138864&cid=43667&categoryId=43667, pmg 지식엔진연구소, <시사상식사전>, 박문각.

가해자인지, 피해자 역시도 자신이 피해자인지 인지하지 못하면서 발생한다. 예를 들어, 선생이 제자에게 지식을 베푸는 것은 좋은 일이다. 그러나 선생이 선한 의지와 동기를 통해 가르친다고 해도 제자가 스스로 판단하는 것을 막고 결국 자신과 동일한 연구 방향으로 제자를 끌고 가려고 할 때, 이는 폭력이 된다. 부모와 자식의 관계에서도 친밀한 폭력은 발생할 수 있다. 부모는 자식을 위해 헌신한다. 자식을 실제로 사랑한다. 그러나 사랑하기 때문에 부모는 자식을 더 나은 삶의 방향으로, 아니 사실은 자신이 자식에게 이렇게 되길 바라는 방향으로 끌고 간다. 부모는 사랑의 이름으로 자신의 권력 의지를 정당화한다. 또한 친밀한 폭력에서도 가해자/피해자의 이분법적 경계는 모호해지는 측면이 있다. 친밀한 관계에서 얼마든지 피해자가 가해자로 변할 수 있기 때문이다. 심리적 유대 관계, 애착 관계가 강한 만큼 그 역으로도 폭력이 행사될 수 있다. 아주 극단적으로는 피해자가 자신의 목숨을 내기에 걸고 상대방을 지배하려는 폭력을 가할 수도 있는 것이다.

이렇듯 폭력은 가까이에 있다. 그리고 나 역시도 결코 폭력적 상황으로부터 자유롭지 않다. 나는 폭력적 관계 속에서 예외가 아니다. 내가 아무리 순수한 감정과 순수한 의도로 상대방과 가까워졌다고 하더라도, 가까워진 이후에도 나의 '선한 의도'를 믿고서 행동한다고 할지라도, 내가 원하는 것을 상대방에게 강요하는 폭력, 원하는 것을 상대방이 이행하지 않을시 애정과 사랑을 철회하겠다는 협박을 행할 수도 있기 때문이다. 폭력의 일상화 속에서 우리는 '순수한 선'을 믿어서는 안 된다. 나 자신의 '순수한 의도와 동기'를 믿어서는 안 된다. 오히려 내가 스스로의 욕망을 되짚어보는 것이 중요하다. 동시에 상대방의 욕망을 여전히 나는 알지 못하며, 따라서 상대방을 최대한 존중하려는 태도, 최대한 존중하더라도 내가 폭력을 행하고 있다는 자각을 할 필요가 있다. 모든 것이 폭력이고, 폭력 안에서 나 역시 예외일 수 없다면, 모든 것은 나의 책임이 될 것이다.

## 8. 폭력의 책임적 성격 : 타자의 얼굴에 대한 책임

우리가 관계를 맺고 살아가는 한, 폭력은 필연적으로 발생하는 상수다. 폭력의 선/악, 미/추, 거시적인 것/미시적인 것과는 무관하게 폭력은 언제나 어디서나 우리가 알든 모르든, 가까이서건 멀리서건 늘 발생한다. 이때 중요한 것은 폭력이 모든 관계에서 발생한다는 것 자체가 아니다. 물론 폭력의 양상들을 인지하고 이에 대하여 분석하는 일은 매우 중요하다. 그러나 이보다 더욱 중요한 것은 폭력과 내가 전혀 무관하지 않음을 아는 일이다. 내가 타자와 관계하는 주체인 한, 폭력이 내 가까이에 있음을 자각하는 일이다. 폭력에 대하여 나 자신을 예외로 두지 않는 것, 그리고 책임을 떠안는 것이 문제다.

**레비나스**(Emmanuel Levinas, 1906-1995)는 주체와 타자 사이에 발생하는 폭력적 관계를 평화적인 관계로 전환시키고자 노력한 대표적인 철학자다. 그는 주체를 미리 가정하고서 타자와의 관계를 고찰하는 **동일자로서의 주체를 비판**한다. 주체는 타자와의 관계 속에서만 생성된다. 주체가 먼저 존재하는 것이 아니라 타자가, 타자와의 관계가 먼저 존재한다.[42] 그에 따르면, 타자는 주체의 인식틀로는 결코 파악할 수 없는, 주체가 그를 어떤 방식으로 규정한다고 해도 늘 언제나 벗어나는, 낯선 존재다.[43] 동일자로서의 주체가 아니라 낯설고 이질적인 타자와 관계하면서 내가 아닌 **타자를 우위를 두는 관점, 태도**를 그는 '**윤리**'라 부른다.

우리의 삶에서 윤리는 "타자에 대한 응답과 함께 성립한다."[44] 우리는 세상을 살아가면서 다양한 사람들을 만나게 된다. 사람들은 저마다 각기 다른 얼굴을 가지고 있다. 동일한 사람이라고 하더라도 여러 상황과 조건 속에서 어떨 때는 행복한 얼굴을, 어떨 때는 슬픈 얼굴을 하기도 한다. 레비나스에게 윤리란 다양한 상황 속에서 어떤 호소를 하고 있는 타자의 얼굴에 응답하고 책임지는 것이다.[45] 내가 타자의 얼굴을 마주하고 얼굴을 외면하지 않는 것, 얼굴에 응답하는 것이 윤리적 태도이다.

그런데 타자의 얼굴에 대한 나의 응답은 언제나 부족한 것이어야만 한다. 그렇지 않다면, 곧 내가 타자의 얼굴에 부합하게 응답한 것이라고 믿는다면, 이는 다시금 타자에 대한 폭력을 행사하는 것이 된다. **나는 모종의 요구를 하는 타자의 얼굴 앞에서 어떤 방식으로든 응답해야 하지만, 타자의 얼굴을 결코 파악할 수 없는 것으로서 마주한 채 응답해야 한다.** 타자는 나의 질서 내부에 있는 존재가 아니라 나로부터 벗어나는 무한한, 초월적인 존재이다. 타자는 나에 비해 무한하게, 한없이 높다.[46] 그렇기에 나는 나의 관점으로는 결코 타자의 얼굴이 말하고 있는 호소를 완벽하게 읽을

---

42    문성원, 『타자와 욕망』, 현암사, 2017, 27, 28쪽 참조.
43    문성원, 『타자와 욕망』, 29쪽 참조.
44    문성원, 『타자와 욕망』, 28쪽.
45    문성원, 『타자와 욕망』, 28, 29쪽 참조.
46    문성원, 『타자와 욕망』, 31쪽 참조.

수도 없고 적절하게 반응할 수도 없다. 이처럼 '**불확정성**'에 대한 태도를 견지하는 것, 그러면서도 타자의 얼굴을 계속해서 주시하고 반응하는 것, 이것이 나와 타자의 관계에서 매번 발생하는 폭력에 대하여 책임을 지는 윤리적 태도일 것이다.

내가 나의 관점으로 세상을 이해하고 살아가는 한, 타자에 대한 폭력은 언제나 늘 발생할 수밖에 없다. 그렇지만 나는 폭력에 대해서 또한 책임질 수 있다. 내가 타자와 관계를 맺고 살아가는 한 끝없는 폭력을 행사하기 마련이다. 나는 결코 규정할 수 없는 타자를 규정하며 살아가고, 내가 이해하는 방식으로 타자를 이해한다. 이것은 내가 나로 살아가기 위한 불가피한 삶의 조건이다. 그렇지만 나는 여전히 나에게 호소하고 있는 타자의 얼굴에 끝없이 응답할 수 있다. 타자에 대하여 무한한 책임을 지는 것이야말로 폭력을 완화할 수 있는 하나의 길일 것이다.

제2부

# 국가폭력과 공동체에 대한 문학적 성찰

# 국가폭력의 기원과 문학의 공동체에 관해

—해방에서 한국전쟁기까지의 몇몇 소설을 중심으로—

김명훈

(교원대학교 국어교육과 조교수)

## 1. 문학을 통한 국가폭력 연구의 가능성?

국가폭력에 대한 논의는 경찰, 군대 등 억압적 국가장치[1]가 자신들의 힘을 과잉 행사했던 몇몇 우발적인 사건들에 집중되기 마련이다. 전쟁기 학살과 강제 동원, 이데올로기와 결부된 사법 살인, 시위에 대한 과잉 진압 등이 그 구체적인 사례다. '폭력 공화국'이라는 한 사회학자의 냉소적 표현에서 단적으로 드러나듯,[2] 식민 통치와 내전, 그리고 냉전 체제로 이어지는 한국의 근현대사에서 이러한 국가폭력의 사례를 찾아보는 것은 전혀 어려운 일이 아니다. 국문학 연구에서도 다양한 국가폭력 사례에 대한 논의가 활발하게 진행되고 있다.[3] 한국 근현대사의 특수성이 한국 근현대문학의

---

1    루이 알뛰세르, 김동수 역, 「이데올로기와 이데올로기적 국가장치」, 『아미엥에서의 주장』, 솔, 1996, 87-89쪽.

2    김동춘, 『대한민국 잔혹사 : 폭력 공화국에서 정의를 묻다』, 한겨레, 2013.

3    2010년대 중반을 기점으로 한국 근현대문학 연구 분과에서도 한국 국가폭력 사례들의 문학적 형상화에 대한 논의들이 가히 폭발적으로 증가하고 있는 추세이다. 해방기의 여순사건과 4·3사건, 한국전쟁기 발생한 남한·북한·미국의 학살, 군사독재정권 시기의 5·18과 간첩조작사건 및 사법 살인, 그리고 식민지 시기의 위안부나 강제동원 사례 등이 이에 해당한다.

성격을 결정하는 여러 심급 중 하나였다는 점에서, 그리고 한국 근현대문학이 '민족=국가'의 부재를 대리하거나 '국민≠국가'에 저항하는 방식으로 오랫동안 존재해왔다는 점을 고려할 때,[4] 국가폭력의 구체적인 사례를 다루는 것은 한국문학의 중요한 의제일 수밖에 없다 하겠다.

문학 텍스트에 재현된 국가폭력의 구체적인 사례들을 확인하는 작업의 성과 및 필요성과는 별개로, 본고에서는 '국가폭력' 문제를 몇몇 우발적이고 예외적인 사건들이 아닌, 나라 만들기에 대한 상상과 실천이 범람했던 해방기 이후의 일반적인 상황 속에서 논의하고자 한다. 이러한 우회적인 접근 방식의 이유는 아주 간단하다. 폭력의 배타적 소유가 근대적 국가의 구성적 속성이라는 상식에 비추어 볼 때,[5] 실제 근대적인 국가의 성립 과정에는 국가의 '폭력'을 정당화하는(정당하다고 인식하는) 논리나 심리가 개입되어 있을 것이고, 한국에서는 그것(근대적 국가의 성립 과정)이 해방기 이후에 본격화되었기 때문이다.

해방 이후 국가폭력 사례들인 4·3사건이나 여순사건, 그리고 한국전쟁기 발생한 민간인 학살 등에 대해서는 이미 많은 연구가 축적되었다.[6] 이러

---

4    김윤식, 『한국근대문학연구방법입문』, 서울대학교 출판부, 1999, 188-189쪽.
5    공진성, 『폭력』, 책세상, 2009, 39-44쪽.
6    해방기에서 한국전쟁기까지의 국가폭력 문제를 다룬 비교적 최근의 문학 연구로는 다음과 같은 논문들이 있다. 김은정, 「전쟁기 문학을 통한 정체성의 재구성-북한문학에 나타난 마산·충북양민학살을 중심으로」, 『비평문학』 52, 한국비평학회, 2014; 이재용, 「국가권력의 폭력성에 포획당한 윤리적 주체의 횡단」, 『어문론집』 58, 중앙어문학회, 2014; 김동현, 「'표준어/국가'의 강요와 지역(어)의 비타협성 : 제주 4·3문학에 나타난 '언어/국가'문제를 중심으로」, 『한국민족문화』 56, 부산대학교 한국민족문화연구소, 2015; 박필현, 「폭력의 경험과 근대적 민족국가-초기 4·3소설을 중심으로」, 『현대문학이론연구』 63, 현대문학이론학회, 2015; 염창동, 「하근찬 장편소설 『야호

한 사례들은 모두 군대와 경찰 등 억압적 국가장치에 의해 발생했고, 그로 인해 한동안 사건의 진상을 밝히는 작업이 지연되었다는 공통점을 갖는다. 국가폭력은 국민으로 하여금 국가의 통치 행위가 정당하지 않다는 인식을 갖게 하므로, 국가는 다양한 수단을 활용하여 국가폭력을 정당화하거나 그것에 대한 공적인 기록과 기억을 억압하기 마련이다. 언어예술로서의 문학은 허구적 장치와 상상력을 활용해 현실을 반영하거나 변형하거나 재현하기 마련이므로, 문학의 언어는 우리가 살아가는 삶 자체를 직접 지시할 수 없다. 그럼에도 불구하고 한국 근현대문학은 문학 고유의 함축적·상징적 언어를 활용하여 국가의 공식적인 역사 기록에 등재될 수 없었던 국가폭력 사례들을 다른 어떤 매체보다 기민하고 진실하게 증언해 왔다(고 믿어진다). 양식적 한계를 넘어서는 문학의 이러한 권능은 어떻게 정당화될 수 있는가. 아마도 그 이유란, 국가가 권력의 사용을, 그 사용의 절차 및 정당성을 '스스로' 결정할 수 있는 것과 매우 흡사하게, 문학 역시 (가장 기본적인 의사소통 매체인) 언어의 활용 방식과 그 정당성을 스스로 결정할 수 있(다고 믿어왔)기 때문일 것이다. 문학은 한때 국가의 가장 강력한 경쟁 상대였다.

---

(夜壺)』의 관전사(貫戰史)적 연구-국가권력의 폭력구조와 국민정체성의 이동을 중심으로」,『현대문학의 연구』66, 한국문학연구학회, 2018; 홍기돈, 「근대적 민족국가와 타자(他者)의 시선으로 재현된 제주 공동체의 면모」,『우리문학연구』59, 우리문학회, 2018; 이봉범, 「냉전 금제와 프로파간다-반란, 전향, 부역 의제의 제도화와 내부냉전」,『대동문화연구』107, 성균관대학교 대동문화연구원, 2019; 최현주, 「역사적 사건으로서의 여순 10·19와 문학적 형상화」,『인문학연구』57, 조선대학교 인문학연구원, 2019; 한순미, 「국가폭력과 사랑/연애 서사-해방 이후 박화성 소설에서 역사적 재난들과 역사의식의 변화」,『현대문학의 연구』78, 한국문학연구학회, 2022.

그러나 국가의 권력이 국민의 견제를 받듯, 문학의 권능 역시 언제든 언어 사용자들에 의해 시험받고 제한될 수 있다. 문학은 문학이라는 표제를 달고, 문학이라는 제도의 상징체계 속에서 유통됨으로써 현실의 간섭을 차단할 수 있지만, 문학의 가장 강력한 경쟁 상대인 국가는 국민을 대리(한다고 여겨지는)하는 권력을 활용해 언제든 이 같은 문학의 권능을 무효화할 수 있었기 때문이다. 근대 이후 문학의 향유자들은 대부분 근대국가의 언어 사용자이자 국민이었다. 물론 문학 향유자들은 국가라는 간접적인 수단을 통하지 않고도, 그러니까 단지 문학을 향유하기를 거부하는 것만으로도 언제든 문학의 권능을 중지시킬 수 있다. 이를 뒤집으면, 문학의 향유자=국민은 국가의 자율적(배타적) 권력 행사와는 절연한 채 문학을 향유할 수 있다는 뜻이 된다. 이러한 역능은 문학이라는 제도가 아니라 글쓰기 그 자체로부터 솟아오른다. 그런 의미에서, 문학은 그 자체로 하나의 유동적·배타적 공동체다.

조금 돌아오긴 했지만, 요점은 다음과 같다. 개별적인 국가폭력 사례의 문학적 재현도 여전히 중요하고 국가(폭력)와 문학의 본질이나 보편성에 대한 논의도 더 보충되어야 하겠으나, 이와 함께, 문학을 통한 국가폭력 연구에서 무엇보다 절실한 것은 국가(폭력)와 문학의 관계에 내재된, 그 역사성 자체를 검토하는 작업이라 생각한다. 국가의 권력이 근대 이후 사회적인 계약의 형식으로 창출되었듯 문학의 역능 또한 근대예술의 제도적인 장치로서 확립되었고, 그렇기에 근대 이후의 문학은 근대국가의 사회적 분화 과정 속에서 그 역능을 시험받아 왔을 것이기 때문이다. 이에 본고에서는 한반도에 두 개의 정부가 수립되던 시기 전후를 배경으로 하는 몇몇 소설들을 국가폭력이라는 관점으로 다시 읽고자 한다. 이를 통해 한국 국가폭력의 기원과 문학적 공동체의 관계가 재사유될 수 있기를 기대한다.

## 2. 해방 직후 내셔널리즘의 부상과 폭력의 정당화

해방 이후 조선 문학·사회의 핵심 의제는 일제 잔재 청산과 민족문화(문학)·국가 만들기로 요약된다.[7] 해방과 함께 조직된 여러 문학단체들은 조직의 강령과 좌담회 등을 통해 이 두 가지 의제를 공론화하였으며, 작가들 역시 창작을 통해 일제 강점기의 경험을 성찰하는 동시에 민족문화·국가의 건설을 위한 전단계로서 해방 조선의 사회적 현실을 탐색해 나갔다. 허준의 「잔등」(『대조』 1-2, 1946.1-7)은 귀환의 과정을 통해 해방 조선의 혼란한 현실을 관찰하는 귀환서사의 대표작 중 하나이다.[8] 「잔등」이 해방기 귀환서사의 대표작이라 했거니와, 귀환 과정에서 만났던 소련 군인에 대한 인상과 귀국을 서두르는 일본인을 객관적으로 묘사한 대목 등은 이 소설의 중요한 성취로 거듭 지목되었다.[9] 그러나 「잔등」 해석에서 가장 중요한 지점은 소설의 주인공이자 서술자인 천복이 귀환의 과정에서 만나게 되는 두 인물, 즉 뱀장어 잡는 소년과 국밥집 노파에 대한 작가의 판단을 어떻게 평가할 것인가로 모아진다. 두 인물에 대한 작가의 판단은 해방 이전 심리

---

7    권영민, 『한국현대문학사』 2, 민음사, 2020, 27-28쪽.
8    본고에서는 1946년 을유문화사판 단행본을 저본으로 삼은 『허준 전집』(현대문학, 2009)을 참고하였다. 이하 본문 인용 시에는 제목과 쪽수만 기록한다.
9    김윤식, 「허준론 : 소설의 내적 형식으로서의 '길'」, 김윤식, 정호웅 편, 『한국 근대리얼리즘 작가 연구』, 문학과지성사, 1988, 219-220쪽.

주의 소설가로 지목되었던 작가 허준이 해방 이후 사회주의 이념을 선택하게 된 이유를 해명하는 작업과도 관련된다는 점에서 단지 작품 해석의 문제를 넘어, 허준 개인의 작가의식을 포함한 해방 전후 문인들의 이념 선택 문제를 가늠하는 문학사적 과제이기도 하다.

종전과 함께 천복은 장춘을 출발하여 서울로 향하는 귀환의 도정에 올라선다. 친구인 '방'과 동행하던 천복은 회령에서 기차를 놓쳐 '방'과 헤어진 뒤, 청진 근처의 작은 마을에서 뱀장어를 잡는 소년과 만나게 된다. 소년에 대한 천복과 작가의 판단이 문학사적 과제와 관련된다 했거니와, 이는 소년의 행위가 '위원회 김선생'을 통해 의미화되기 때문이다. 확정적으로 말하기는 어렵겠지만, 「잔등」이 1946년 1월에 발행된 『대조』 1호에 실렸고, 허준이 귀국한 시점이 1945년 11월 초라는 점을 고려할 때,[10] 대략 1945년 가을 정도가 「잔등」의 사건시간이라 볼 수 있다. 따라서 김선생이 소속된 '위원회'는 소련군의 북조선 점령과 때를 같이하여 조직되기 시작한 지역 인민위원회라 보는 것이 합당하다. 미국이 비교적 빠른 시일 내에 미군정을 설치하여 한반도 남쪽을 직접 통치했던 것과 달리 1945년 8월말 평양에 진주한 소련군은 북조선의 치안 유지를 위한 행정권을 인민자치조직에 넘겨주었고, 이에 따라 1945년 11월말 경에 이르면 리 단위까지 인민위원회 조직이 완료된다. 천복이 뱀장어 잡는 소년을 만나는 곳은 함경북도 청진 부근으로, 이 지역은 북조선의 다른 지역에 비해 빠른 시기인 1945년 8월 16일 소련군에 의해 점령되었으며, 며칠 후 시인민위원회가 수립되었다.[11]

---

10  강경석, 「허준 연구」, 인하대학교 석사학위논문, 2020, 16쪽.
11  유길재, 「북한정권의 형성과정 : 인민위원회의 조직과 활동에 관한 연구」, 『북한체제

「잔등」의 사건시간이 1945년 가을이고, 만주 동북지역에서 청진까지 이동하는 시간을 고려한다면, 천복이 뱀장어 잡는 소년과 만나는 것은 이미 청진시 인민위원회가 안정기에 접어든 시점이었다고 판단할 수 있겠다.

본고의 주제와 관련하여 주목해야 할 것은 인민위원회의 성격이다. 인민위원회는 기본적으로 인민 주도로 조직된 자치조직의 형태를 뜻한다. 그러나 북조선 각 지역의 인민위원회 조직은 항상 소련군의 점령과 때를 같이한다는 점에서 민간 주도적인 성격만을 갖는 것은 아니다. 해방 초기 남북을 막론하고 자생적인 자치조직이 수립되었던 것은 사실이나 남쪽에서는 미군정이 들어서면서 이러한 조직들이 와해되었던 반면, 북쪽에서는 소련의 점령과 함께 지방인민위원회 조직이 개편·강화되는 양상을 보인다. 요컨대 북조선의 지방인민위원회는 소련군의 지원과 관리하에 있었다고 보는 것이 합당하다 하겠다. 북조선 도나 군에 설치된 소련군 위수사령부가 각 지방 인민위원회를 실질적으로 감독하고 지휘했다는 점에서도 이러한 사실은 재차 확인된다.[12]

뱀장어를 잡아 일본인에게 팔면서 그들의 행적을 감시하는 소년 배후에 위원회 김선생이 있고, 그 위원회 김선생을 실질적으로 지휘, 감독하는 것이 소련군 위수사령부이며, 이러한 지방조직이 향후 북한정부의 근간이 된다는 점까지 고려한다면, 뱀장어 잡는 소년에 대한 천복의 양가적 감정은 확실히 의미심장하게 읽히는 부분이 있다. 물론 소년에 대한 천복의 반응은 작품의 제목인 '잔등'이 시사하는 바, 국밥집 노파의 인간애와 연결

---

의 수립과정』, 경남대학교 극동문제연구소, 1991, 49-51쪽.

12  위의 글, 56쪽.

하여 해석해야 한다. 「잔등」에서 강조되는 것은 제국의 일원에서 하루아침에 패전국 난민으로 전락한 일본인들의 운명과 그들을 대하는 소년과 노파의 태도 차이라 할 수 있겠는데, 그 차이란 작살로 뱀장어를 사냥하는 소년의 행위와 거지처럼 떠도는 일본인들에게 국밥을 말아주는 노파의 동정적 태도를 통해 상징적으로 드러난다. 이러한 대조는 자주 정치 논리와 윤리의 구분 짓기로 해석되었는데,[13] 최근에는 양자를 상보적인 관계로 보아야 한다는 의견도 늘어나고 있는 추세다.[14] 그러나 두 인물의 태도를 어떻게 파악하든 간에 이 서사에서 중요한 것은 조선인과 일본인 간의 구분 짓기이다.

소년이 뱀장어를 일본인에게 팔면서 그들의 동정을 감시하고, 도주할 가능성이 있는 일본인을 인민위원회에 밀고하는 것, 그리고 그 결과로 인민위원회의 결정에 따라 불량일인을 고무산이나 아오지로 보내는 행위는 두말할 것도 없이 일제 강점기에 대한 복수이자 한반도 내부에 존재하는 불순한 타자를 배제하려는 의도를 갖는다. 임시행정기관 역할을 맡은 인민위원회는 장차 한반도에 들어설 국가의 기초를 닦는 역할을 했거니와 이 국가 만들기라는 신성한 임무는 내부의 불순한 존재를 폭력적인 방식으로 제거함으로써 달성된다. 패전과 함께 조선 내에 거주하던 일본인들은 "도망도 가고 더런 총두 맞아 죽구 더런 남아 있는 놈도" 있었다.[15] 남은 일본

---

13  구재진, 「허준의 「잔등」에 나타난 두 개의 불빛과 허무주의」, 『민족문학사연구』 37, 민족문학사학회, 2008; 신형기, 「허준과 윤리의 문제-「잔등」을 중심으로」, 『상허학보』 17, 상허학회, 2006.

14  이양숙, 「허준의 <잔등>에 나타난 소비에트 인식과 정치의식」, 『한국현대문학연구』 39, 한국현대문학회, 2013; 강경석, 앞의 논문.

인들은 "정말 다들 죽은 거 한가지"였지만,[16] 작살에 꿰인 뱀장어가 살기 위해 발버둥 치듯 그들은 마을에서 벗어나기 위해 애쓴다. 소년은 김선생이 들려준 초상집 이야기의 의도를 정확히 이해하고 이미 죽은 것이나 마찬가지인 일본인들을, 그들이 다시 살아날 수 없도록 철저하게 감시한다. 해방기 조선 사회의 절대적인 의제였던 일제 잔재 청산과 나라 만들기는 이처럼 뱀장어 잡는 소년의 삽화를 통해 확실한 인과적 내러티브를 갖게 된다.

살아 있으나 죽은 것과 마찬가지인, 언제든지 죽을 수 있지만 그 죽음에 어떠한 의미도 실릴 수 없는 패전국 일본인의 상태, 그리고 그들의 생명을 관리하는 위원회 김선생의 그림자 같은 형상은 일본인 수용소를 일종의 예외상태로 만드는 주권자=국가의 생명정치를 상징적으로 드러낸다.[17] 이와는 대조적으로, 국밥집 노파는 일제 강점기 동안 자식들을 모두 잃었음에도 원수인 패전국 일본인들을 동정적인 시선으로 바라본다.

> "젊은이가 원산으로 간 것은 첫눈이 펄펄 날리는 과히 춥지는 아니하나 흐린 음산한 날이어서, 나는 새벽부터 옥 문전에 가 섰다가 배웅을 해주었는데, 간 후론 물론 나왔다는 말도 못 듣고 죽었단 말도 못 들어서 어떻게 되었는지는 모르나 죽지 안했으면 이번에 나왔을 겁니다. 저것들이 저, 업고, 잡고, 끼고, 주룽주룽 단 저 불쌍한 것들이 가도오의 종자인 것을 모른다고 할 수 없겠으니 어떻게 눈물이 아니 나……"[18]

---

15  「잔등」, 256쪽.
16  「잔등」, 260쪽.
17  조르조 아감벤, 김항 역, 『예외 상태』, 새물결, 2008.

일본인들에 대한 노파의 동정적 태도는 위의 인용문에서 확인되듯 아들의 동지였던 일본인 가도오 때문이었다. 자식과 함께 싸우다 옥살이를 했던 가도오 때문에 노파는 조선에 남은 패전국 일본인들을 원수가 아니라 '가도오의 종자'로 보고 그들을 불쌍히 여긴다. 이러한 태도는 사적 원한과 민족국가의 경계를 아득히 넘어서는 초월적인 인간애의 발현이라 하지 않을 수 없다. 물론 이러한 인간애가 '뱀장어 잡는 소년-위원회 김선생'의 나라 만들기 과업과 반드시 배치되는 것은 아닐지도 모른다. 천복의 관점에서, 일제 잔재 청산과 나라 만들기는 일종의 혁명이었기 때문이다. "혁명은 가혹한 것이었고 또 가혹하여도 할 수 없을 것"이기에[19] 소년의 행위도, 그러한 행위에 의미를 부여하는 위원회 김선생도 결코 부당하다 할 수는 없을 것이다. 여기에서 한걸음 더 나아가 노파의 배후에 사회주의 운동가로 보이는 가도오가 있고, 뱀장어 잡는 소년의 배후에 사회주의자 김선생이 있다는 사실까지 확인하면, 이 두 가지 삽화 모두 작가의 사회주의에 대한 공감을 드러낸다고 해석하는 것도 불가능하지만은 않다.[20]

그러나 이 두 삽화를 사회주의 혁명에 대한 동의로 해석하는 것은 작품 전반의 분위기를 고려할 때 적절해 보이지 않는다.[21] 게다가 소년과 김선생은 사회주의 혁명을 위해 일본인을 감시하는 것이 아니다. 소설 어디에도 두 인물의 혁명에 대한 인식은 드러나지 않기 때문이다. 소년과 김선생의

---

18 「잔등」, 290쪽.
19 「잔등」, 293쪽.
20 이양숙, 앞의 글.
21 강경석, 앞의 글, 62쪽.

행위는 오로지 나라 만들기라는 신성한 임무를 향해 정향되어 있을 뿐이다. 그리고 그 임무는 소련군이 점령지를 보다 수월하게 관리하기 위해 부여한 것이었다. 소년과 김선생은 군대가 점령지 포로를 관리하듯 일본인을 다루면서 국가의 주권이 어떻게 발휘되는지 차근차근 학습한다. 경찰과 군대가 국가의 위험 요소를 통제하고 치안을 유지하기 위해 활용되듯, 소년과 김선생은 벌거벗은 생명들을 추방하고 감시하고 경계를 넘어서려하면 폭력으로 다스린다. 1945년 가을 현재, 아직 조선은 국가가 아니었지만, 각 지방의 말단 조직들은 일본인이라는 하찮은 타자를 상대로 신생하는 국가의 주권성을 깊이 체험할 수 있었다. 조선의 주권을 빼앗았던 제국의 난민들에게 국가의 이름으로 집행되는 폭력은 언제나 정당하다는 것, 이 정당한 폭력 앞에서 노파-아들-가도오의 연대는 잔등처럼 위태롭고 희미할 뿐이다. 그러나 이 연대에는 중요한 교훈이 담겨 있다. 일제 강점기의 폭력적 경험이란 제국의 난민들에게 가해지는 폭력의 정당화가 아닌, 다시는 그런 일이 되풀이되어서는 안 된다는 것, 환언하자면 국가의 정치적 행위에 일정한 제한을 가하는 부정의 방식으로만 활용되어야 한다는 점이 바로 그 교훈이다.

## 3. 마을의 계급투쟁과 신생국가의 상징폭력

「잔등」에서 살펴본 것처럼 해방 직후 지방 행정조직의 말단은 조선 내에 거주하던 패전국 일본인을 감시·관리·추방하는 작업을 떠맡으면서 민족국가의 동일성과 주권성을 실감하게 된다. 해방기 문학사에서 「잔등」이

차지하는 예외적인 위상이란 이처럼 해방의 영광이 아니라 종전 이후 패전국 난민들의 처리 문제를 통해 민족국가의 통치성과 치안의 정치를 직접적·구체적으로 재현하고 있다는 점에서 비롯된다. 그리고 여기에는 국가의 이름으로 집행되는 폭력을 정당화하는 논리가 개입되어 있었다. 패전국 일본인들에 관해서라면 그 정당화의 논리란 그들이 일본인이라는 것만으로도 충분했다. 그러나 국가가 관리하고 감시해야 할 대상은 다른 언어로 말하고 뱀장어를 먹는, 패전국 일본인같은 식별 가능한 존재만이 아니다. 근대국가는 모든 국민을 관리하고 감시해야 하며, 그러한 통치 행위를 정당화할 수 있는 논리를 가져야 한다. 근대국가가 일종의 사회계약의 결과라면 국민들 스스로 국가의 통치 행위에 자발적으로 동의하도록 만들어야 하기 때문이다.

해방 이후 남북 모두에서 가장 중요한 정치적 현안으로 떠올랐던 토지개혁은 바로 국민들 스스로 신생하는 국가의 통치 행위에 자발적으로 동의하도록 만드는 핵심적인 기제였다. 이와 관련하여 황순원의 『카인의 후예』는 흥미로운 텍스트다. 1953년 9월부터 『문예』에 연재되다가 잡지의 폐간과 함께 다음 해 단행본으로 완결, 출간된 황순원의 『카인의 후예』는 1946년 초 북조선에서 시행된 토지개혁의 과정을 월남민의 관점에서 재현한 장편소설로서, 전후 한국문학의 정전으로 그 지위가 공고한 작품이다.[22] 이 소설은 작가의 고향인 평안남도 대동군의 한 마을을 배경으로 하여 지주

---

22  본고에서는 문학과지성사판 『황순원 전집』을 저본으로 삼은 『황순원 소설선 : 카인의 후예』(문학과지성사, 2006)를 참고하였다. 이하 본문 인용 시에는 제목과 쪽수만 기록한다.

계급 출신 인텔리 박훈이 토지개혁의 파란 속에서 마름의 딸 오작녀와 교감하는 이야기를 중심으로 전개된다. 귀환자의 관점에서 해방 직후 조선의 혼란스러운 현실을 냉정하게 관찰할 수 있었던 「잔등」의 천복과 달리, 『카인의 후예』의 박훈은 그 현실의 한가운데로 휩쓸려 들어간다.

토지개혁 문제는 채만식의 「논 이야기」나 이태준의 『농토』와 같은 해방기 소설에서 이미 다루어졌기 때문에 『카인의 후예』가 토지개혁을 직접적으로 재현하고 있다는 사실 자체는 전혀 특기할 만한 사안이 아니다. 토지개혁을 일제 강점기부터 시작된 소유권의 문제로 해석한 「논 이야기」나 계급적 관점에서 토지개혁을 파악한 『농토』와 비교했을 때, 『카인의 후예』는 토지개혁의 첨예한 법적·정치적 문제로부터 오히려 한발 물러서는 양상을 노정하기 때문이다. 주목해야 할 점은 '카인의 후예'라는 제목이 암시하듯, 이 작품에서는 토지개혁이 폭력과 살인, 원죄의 이미지로 채색되어 있다는 사실이다.

이 소설은 "서북 지방의 밤공기가 아직 찰 대로 찬 3월 중순께"에서 시작된다.[23] 이후 서사에서 토지개혁 법안이 통과되었다는 사실이 서술되므로 『카인의 후예』의 사건 시간은 1946년 3월 중순 전후로 보는 것이 타당하겠다. 주지하듯 북조선에서는 1946년 2월 8일 사실상의 지배정부 역할을 했던 북조선임시인민위원회가 수립되었고, 향후 이 조직은 조선민주주의인민공화국 정부로 발전한다.[24] 북한 주둔 소련 25군사령관의 명령

---

23 『카인의 후예』, 7쪽.
24 기무라 미쓰히코, 「파시즘에서 공산주의로-북한 집산주의 경제정책의 연속성과 발전」, 『해방 전후사의 재인식』, 책세상, 2006, 743쪽.

에 따라 1946년 1월부터 시작되었던 토지조사사업은 북조선임시인민위원회가 설립되면서 당시 임시 인민위원장이던 김일성의 주도하에 본격적인 토지개혁 작업으로 연결되었다. 1946년 3월 4일에는 토지개혁법령 초안이 완성되었고, 곧바로 북조선임시인민위원회 안건으로 상정되어 만장일치로 통과된다. 3월 5일과 7일에는 각각 「북조선토지개혁에 관한 법령」과 「토지개혁법령에 관한 세칙」이 공포된다.[25] 이후 군 단위 농민위원회의 주도하에 법령 해설과 농민대회가 각 지역에서 시행되었고, 개인조사를 거쳐 1946년 3월 말에는 몰수된 토지의 분할계획까지 확정된다. 법령 공포부터 집행까지 약 한 달 만에 이루어진 북조선의 토지개혁은 "세계에서 가장 빠르고 비유혈적인" 토지개혁 사례로 꼽힌다.[26]

실제 북조선에서 실시된 토지개혁의 과정을 고려할 때, 『카인의 후예』의 서사는 토지조사 및 법령 마련 등 토지개혁의 기초 작업이 모두 끝난 상태에서 시작되는 셈이다. 이 시기는 지역 단위 농민위원회에 의해 토지개혁 법령 해설과 농민대회가 진행되던 시점으로, 이미 토지개혁의 주도권이 당과 중앙 인민위원회의 지도를 받은 리, 동 단위의 지역 농민위원회로 넘어간 상태였다. 이처럼 각 지역의 토지개혁을 실질적으로 주도한 것은 리, 동 단위 농민위원회였고, 토지개혁 과정에서 발생하게 될 계급투쟁 역시 민간무장력으로 구성된 반(半)군사 자치조직인 지역별 농촌자위대가 맡게 된다. 농민위원회가 각 지역의 빈농과 고농 출신으로 조직되었고,

---

25   박명림, 「북한 혁명의 성격-북한토지개혁의 과정·내용·의미 분석」, 『아세아연구』 97, 고려대학교 아세아문제연구원, 1997, 178쪽.

26   위의 글, 167쪽.

농촌자위대 역시 18-35세의 지역 청년들로 구성되었다는 점을 고려한다면,[27] 실질적인 토지개혁은 마을 단위의 하부조직에 의한 계급투쟁 양상을 노정할 수밖에 없었다고 하겠다.

『카인의 후예』의 박훈이 경험하는 토지개혁 또한 마을 단위의 계급투쟁이었다. 『카인의 후예』에서 재현되는 마을 단위의 토지개혁은 빈농 출신 면 농민위원장 '남이 아버지'의 피살로부터 시작된다. 박훈은 "그가 의식하고 농민위원장이 됐던 게 아니고 저편에서 시키는 일이니 그저 멋도 모르고 되었다는 데에 생각이 미치자, 남이 아버지는 역시 억울한 죽음을 당했다는 생각"을 갖는다.[28] 남이 아버지가 농민위원장을 맡은 것이 자의가 아니라고 보는 박훈의 판단은 집안의 마름이었던 도섭 영감이 남이 아버지에 이어 농민위원장을 맡게 되는 장면에서 타당한 것으로 판명된다.

> 오작녀 아버지 도섭영감은 면 인민위원회 숙직실에 군당부에서 나온 공작대 책임자와 마주 앉아 있었다. 개털 오버를 입은 청년이었다.
> "동무, 내 동무의 과거르 들추지 앙이하겠소. 그 대신 앞으루 일 많이 하오."
> "선생이 하라는 대루 무슨 일이든지 하디요. 말씀만 하십시오."
> 도섭영감은 20여 년 동안이나 훈네 마름으로 있은 게 이제 와서 꿀리는 것이었다.[29]

---

27  위의 글, 182-184쪽.
28  『카인의 후예』, 25쪽.
29  『카인의 후예』, 26쪽.

남이 아버지가 그랬던 것처럼, 도섭영감 역시 중앙에서 파견된 공작대 책임자의 회유와 협박에 따라 농민위원장을 맡게 되고,[30] 도섭영감과 박훈의 갈등은 더욱 깊어진다. 이후 『카인의 후예』의 서사는 농민대회 개최와 지주 숙청 등 토지개혁의 일반적인 순서에 따라 전개된다. 아버지의 친구인 윤주사, 삼촌 용제영감 등은 지주로 지목되어 차례로 재산을 몰수당한다. 박훈 역시 숙청 대상이었으나 오작녀가 박훈과 혼인한 사이라고 말함으로써 숙청을 면한다. 작가는 토지개혁 과정에서 발생한 지주 숙청의 의미를 여러 사례를 통해 구체화하는데, 그 요지란 북조선에서 시행된 토지개혁은 땅에 대한 농민들의 소유욕을 부추김으로써 마을 공동체의 인륜을 파괴한 비인간적이고 폭력적인 제도라는 것이다. 작가는 지주라고 보기 어려운 사람들, 가령 윤주사네 집을 사서 살던 사람이나 명구 아버지, 특히 힘들게 모은 돈으로 어렵게 땅을 장만했던 분디나뭇집 할머니가 숙청을 당한 뒤 목을 매 자살한 사건 등을 나열함으로써 북조선의 토지개혁이 부당하다고 선전한다. 농민대회에 참가했던 마을 사람들은 숙청 대상으로 지목된 지주 집안의 세간을 몰래 훔쳐내며, 도섭영감은 박훈 조부의 송덕비를 도끼로 깨뜨린 뒤, 박훈의 집을 향해 "독사를 쥑일래믄 깨깨 쥑여야 한다아!"라고 소리친다.[31] 마을 사람들은 다듬잇돌로, 댓돌로, 주춧돌로 쓰

---

30  토지개혁이 끝나고 이용 가치가 사라진 도섭영감은 당에 의해 농민위원장에서 숙청된다. 도섭영감의 숙청은 공식적인 농민대회를 통해 집행되는데, 이에 대해 서술자는 "당에서 볼 때 이제는 도섭영감의 이용 가치가 없어진 것이었다. 토지개혁이 있기까지 면내 제일가다시피하는 지주와 가까이 지내던 이 사람을 내세워 지주와 농민 사이를 이간 붙이자는 것이었다. 그 이용 가치가 이제는 없어진 것이다."(『카인의 후예』, 243쪽)라고 설명한다.

31  『카인의 후예』, 136쪽.

려고 깨진 송덕비 조각을 주워간다.

작가는 북조선의 토지개혁이 형식적으로는 인민들의 손으로 실현되는 것처럼 되어 있으나 그 본질은 더 큰 조직체(당)의 의도가 일방적으로 관철되고 있음을 작품 전반의 서술을 통해 빈틈없이 드러낸다. 작품 초반부터 박훈과 갈등을 빚는 인물인 공작대원 개털 오버 청년의 행위를 묘사하는 대목이 특히 그러하다. 마을의 토지개혁을 담당하는 개털 오버 청년은 농민대회의 의의를 설명하면서 주민들을 향해 "오늘은 누구의 간섭도 받지 앙이하구, 동무들이 직접 판결을 내리는 게요. 이게 우리들만이 가질 수 있는 진정한 인민재판이오!"라고 말하지만,[32] 마을 사람들은 주위의 눈치만 볼 뿐이다. 사정은 개털 오버 청년도 마찬가지다. 개털 오버 청년은 농민대회를 마치고 지주 숙청을 지휘하다가 도 농민위원회에서 나온 사내에게 창의성이 부족하다는 지적을 당하자 얼굴이 하얗게 질려 자기비판을 받아야 할지도 모른다는 두려움에 휩싸인다. 도 농민위원회에서 나온 사내 역시 개털 오버 청년과 크게 다른 처지는 아닐 것이다. 북조선의 토지개혁은 아래로부터의 혁명을 표방했지만 그 본질은 당 중앙의 의지를 실현하는 것일 뿐이었다. 그 의지란 토지를 둘러싼 오랜 갈등을 표면화함으로써 신생국가의 통치성을 굳건히 하는 것이다.

요컨대 『카인의 후예』에서 재현되는 토지개혁이란 마을의 계급투쟁이고, 그 계급투쟁은 그 전까지 농촌공동체에서 유지되던 최소한의 윤리마저 저버리게 만드는 비인륜적인 제도적 폭력이라 하겠다. 이러한 판단은 『카

---

32    『카인의 후예』, 110쪽.

인의 후예』의 작가 황순원의 것이라 해야 하겠는데, 이와 관련하여 황순원이 월남민이자 보도연맹 가입자였다는 점, 아울러 『카인의 후예』가 한국전쟁 직후 발표되었고 여러 차례 개작되었다는 사실 등은 토지개혁에 대한 작가의 판단에 대해 시사하는 바가 적지 않다. 1946년 5월 가족과 함께 월남한 황순원은 조선청년문학가협회와 좌파 문학단체인 조선문학가동맹 등에 잇따라 가입하지만, 남한 내 좌익 활동이 법적으로 금지되고 반공 기조가 강화되면서 조선문학가동맹에 가입했다는 이유로 1949년 12월 전향서를 제출하고 보도연맹에 가입한다.[33] 이 시기 발표한 소설 중에는 좌익적인 경향을 드러낸 작품들도 있었는데, 그 중 일부는 전후에 개작된다.[34] 『카인의 후예』 역시 1953년의 연재본을 거쳐 1954년 12월 발간된 중앙문화사판 단행본과 1959년 민중서관판 단행본, 그리고 이후의 전집에 이르기까지 여러 차례 개작되었는데,[35] 김주현은 이 개작이 반공 이데올로기의 전면화로 수렴되었다고 평가한 바 있다.[36]

　월남민이자 보도연맹 가입자 황순원에게 소설 쓰기란 체제 선택을 증명하는 수단이기도 했다. 토지개혁의 계급투쟁과 숙청을 피해 월남한 작가에게 한반도 남쪽 땅 역시 마음 편히 살 수 있는 그러한 공동체는 아니었다. 박훈과 황순원이 공히 꿈꾸었던 평화로운 공동체란 큰애기바윗골 뻐꾸기

---

33　유임하, 「월남민의 균형감각과 냉전의 분할선 : 개작과 검열의 관점으로 『카인의 후예』 다시 읽기」, 『한국문학연구』 66, 동국대학교 한국문학연구소, 2021, 482쪽.

34　김주현, 「『카인의 후예』의 개작과 반공 이데올로기의 문제」, 『민족문학사연구』 10, 민족문학사학회, 1997, 202-203쪽.

35　유임하, 앞의 글, 484-485쪽.

36　김주현, 앞의 글, 206-216쪽.

설화처럼 아득한 것일 뿐이다. 이처럼 국가의 폭력은 단지 서사를 통해 재현되는 것에 머물지 않고 텍스트 자체의 서술에, 그리고 이후의 개작에도 그림자처럼 드리워져 있다. 당연하게도, 텍스트를 생산한 작가의 삶 또한 예외가 될 수 없었다. 황순원은 작고 4년 전인 1996년, 문민정부에 의해 은관문화훈장에 추서되었으나 수여를 거부했다.

## 4. 삼중의 미메시스, 하나여야 하는 국가

북한 정권 수립기 월남을 선택했던 황순원과는 달리, 한반도 남쪽에 거주하던 해방공간의 많은 문인·지식인들은 정의롭고 자유로운 땅을 찾아 북으로 넘어갔다. 그들의 말로가 어떠했는지는 이미 잘 알려져 있거니와, 몇몇 예외적인 경우를 제외하고 대부분의 월북 문인·지식인들은 한국전쟁 이후 북한 정권에 의해 종파분자로 지목되어 숙청당한다. 월북 문인·지식인들이 숙청되는 과정에 대해서는 사례별로 여러 가지 추측과 설명들이 존재하지만, 그 궁극적인 이유란 1948년 이후 남북 단독정부 수립과 한국전쟁을 거치면서 한반도에 거주하는 모든 사람들이 대한민국 혹은 조선민주주의인민공화국 중 하나의 국민이 되어야 했기 때문이었다. 남북을 막론하고, 한국전쟁기에 발생했던 무수한 민간인 학살과 전쟁범죄들은 두 개의 정부가 국가 내부를 평정하기 위해 어떻게 국민들을 순치하였는지 상징적으로 보여준다.[37] 황순원이 자신의 작품을 개작했던 이유도 부분적으로는

---

37  박명림, 「국민형성과 내적 평정 : '거창사건'의 사례 연구」, 『한국정치학회보』 36-2, 한국정치학회, 2002, 87-89쪽.

자신이 대한민국의 국민임을 증명하기 위해서였고, 이러한 사정은 월북 문인들 역시 마찬가지였다. 임화는 1951년 4월, "박헌영을 부정하고 김일성을 찬양하는 시를 씀으로써, 자신을 죄어오는 죽음의 마수로부터 벗어나고자"했고,[38] 월북 이후 이태준은 특유의 섬세하고 서정적인 문장을 포기한 채, 전우의 죽음을 백배 천배로 갚겠다는 식의 폭력과 증오로 점철된 문장들을 써나갔다.

월북 문인 김남천의 「꿀」은 문학을 통해 자신이 조선민주주의인민공화국의 국민임을 증명하려 했던 또 다른 사례라 하겠다. 김남천 작품연보의 마지막을 차지하는 「꿀」(『문학예술』, 1951.4.)은 한국전쟁 초기인 1950년 여름, 함안-거창-합천 등 낙동강 전선과 연하는 지점에서 부상을 입고 낙오했던 인민군 정찰병이 한 할머니의 도움으로 목숨을 건진 후 그 경험을 '나'에게 들려주는 이야기이다.[39] 이 작품은 1950년 8월 하순 합천 관기리 야전병원에서 '나'와 정찰병이 이야기를 주고받는 외화와 정찰병이 들려주는 내화로 구성된 액자소설인데, 내화 속에 다시 할머니의 이야기가 포함된 형태를 취하고 있어 실질적으로는 3중의 액자구조라고 할 수 있다.

3중의 액자구조 가운데 먼저 외화에 해당하는 내용부터 살펴보자. 이 소설의 외화는 작품 처음과 끝의 두 단락 정도가 전부인데, 이 외화를 통해 알 수 있는 정보는 '나'가 부상당한 정찰병의 이야기를 전해 듣는 것이 1950년 8월 하순의 낙동강 전선 부근의 야전 병원이라는 사실 정도뿐이다.

---

38    조영복, 『월북 예술가 오래 잊혀진 그들』, 돌베개, 2002, 42쪽.
39    본고에서는 『김남천 단편선』(문학과지성사, 2006)에 실린 판본을 참고하였다. 이하 본문 인용 시에는 제목과 쪽수만 기록한다.

실제 서사의 대부분은 부상당한 정찰병의 말, 즉 구어체로 서술되고 있기 때문에 '나'의 역할은 단지 이야기의 수신자에 한정된다. 한국전쟁 발발 이후 김남천이 낙동강 전선으로 종군 취재를 떠났다는 사실을 고려한다면, 이 소설의 내화가 김남천이 실제 전장에서 수집했던 이야기일 가능성도 있긴 하지만, 어쨌든 액자구조의 외화가 서사의 전개에서 실질적인 의미나 기능을 갖지 못한다는 점은 지적해 두어야 하겠다.

정찰병이 들려주는 내화의 주요 내용은 다음과 같다. 경남 거창 부근에서 정찰임무를 수행하던 그는 본대로 복귀하던 도중에 남한 군인과 조우하여 전투를 벌이게 되며, 전투 중 총에 맞아 쓰러져 낙오하였다가 한 할머니의 도움으로 무사히 본대로 복귀하게 된다. 주요 내용만 간추리면 전형적인 전쟁 체험담처럼 보이지만, 서술 층위에서는 월북 문인 김남천의 신중한 태도와 의도적 선택이 두드러진다. 먼저 정찰병의 소속 부대와 관련된 서술을 살펴보자. 소설 속에서는 분명하게 드러나지 않지만, 한국전쟁사를 참조할 때 정찰병이 소속된 부대는 전라도에서 동진 중이던 북한군 제4사단일 가능성이 높다. '나'가 정찰병의 이야기를 듣는 시점이 1950년 8월 하순이므로 정찰병이 부상당한 것은 그보다 이른 8월 초나 7월 말일 터인데, 이때는 북한군 제4사단이 안의와 거창을 거쳐 낙동강 쪽으로 진출하던 시점이다.[40] 북한군 제4사단은 7월 29일 거창을 장악하였으며, 8월 초에는

---

40　"안의에서 괴멸의 운명에 봉착했던 적들은 거창읍에서 합천 땅으로 들어서며 봉산 묘산을 거쳐 합천읍으로 나가 황강을 따라 낙동강 본류를 넘을 것이 예상되면서"(「꿀」, 371쪽)라는 서술에서 정찰병이 소속된 부대와 북한군 제4사단의 진군 방향이 일치함을 알 수 있다.

고령, 합천을 점령하고 낙동강 방어선으로 이동한다.[41] 따라서 내화를 들려 주는 정찰병은 거창 점령 직전, 정보를 수집하기 위해 파견된 북한군 제4사 단 소속 군인이라 판단된다. 즉 그는 북한 정규군 소속이다. 그런데 소설 속에서 그가 만나는 사람들은 그를 '남로당패'로 오인한다.

(1) "남로당패다!"
하고 한 녀석은 카빈을, 또 한 녀석은 엠원을 들어서 연발로 쏘아댑니다.[42]

(2) "할머니 국방군이 아닙니다. 인민군댑니다."
조용히 할머니는 나를 굽어봅니다. 팥알만큼 반짝이는 두 눈에서조차 도시 표정을 찾아볼 수가 없습니다.
"내사 구신 다 된 늙은 거라 아무것도 모르니더." (…)
"할머니 리승만네 군대가 아닙니다. 국방군이 아니라 인민군댑니다."
힘을 다해 외치듯 하고는 기운이 지쳐 댓돌 밑에 머리를 부딪고 엎드려버렸지요. (…)
"빨갱인 게오?"
문지방에 서서 묻는 것이 확실합니다. 그러나 선뜻 대답할 수 없었습니다. 할머니 입에서 나오는 냉랭한 그 말이 어쩐지 섬찍하게 느껴졌던 때문이지요.
"남로당팬기오?"
또다시 나직이 가느다랗게 묻는 것이나 눈을 감은 채 역시 이내 대답이 나지 않습니다.[43]

---

41   정재호, 『6·25 대실록 : 그날의 산하』, 드라이브사, 1983, 179-193쪽 참조.
42   「꿀」, 374쪽.

(1)은 부대로 복귀하던 도중 남한 군대와 전투를 벌이는 장면으로, 남한 군인들은 그들을 '남로당패'라 부른다. (2)는 부상당한 정찰병이 할머니에게 도움을 구하는 장면으로, 할머니 역시 그에게 '남로당패'인지 묻는다. 경남과 전라도를 연하는 지역에서는 남로당 출신 빨치산 유격대가 전쟁 전부터 활발하게 활동하였기에 이러한 오인은 자연스러운 것이다. 핵심은 그가 북한 정규군 소속임에도 남한의 군인과 주민들은 그를 남로당패라 인식한다는 점, 즉 이 서사에서는 그러한 구분 자체가 의미 없다는 사실이다. 할머니와의 대화에서 확인되듯 그는 인민군대이고, 인민을 위한 군대라는 대의 아래에서 정규군과 남로당 유격대의 구분은 아무런 의미를 가지지 못한다. 그는 '빨갱이'냐는 물음에도 '남로당패'냐는 물음에도 선뜻 답하지 못한다. 두 가지 낱말 모두 남북을 갈라놓은 현실의 정치적 이데올로기에 오염된 표현들이기 때문이다. 그는 오로지 '인민군대'일 뿐이다. 김남천이 월북한 남로당 출신 작가라는 점, 「꿀」이 발표된 1951년 4월이 임화가 박헌영을 부정하고 김일성을 찬양하는 시를 썼던 바로 그 시기라는 점도 기억해야 하겠다.[44]

  마지막으로 내화의 내화, 즉 할머니가 들려주는 이야기의 의미를 확인해 보자. 앞서 확인했듯 할머니는 부상당한 정찰병이 북한군이라는 사실을 확신하자 그를 보살펴 주는데, 주목해야 할 부분은 그가 거창에서 나오는 길이라는 말을 듣고 할머니가 깜짝 놀라는 대목이다.

---

**43**  「꿀」, 378-379쪽.

**44**  「꿀」은 『문학예술』 1951년 4월호에 게재되었지만, 실제 『문학예술』 1951년 4월호의 발행 일자는 4월이 아니다. 이에 대해서는 뒤에서 다시 논의하겠다.

부대보다 앞서 거창까지 들어갔다 나오는 길이라니까, 할머니는,

"거창요?"

하고 놀란 듯이 갑자기 눈을 크게 뜹니다. 눈 가장자리로 모여들었던 잔주름이 일시에 치켜올라갑니다.

"아 거창!"

그는 무엇을 생각하는지 내 옷소매를 잡은 채 멍하니 앉아 있습니다.

아 거창요, 하고 뇌면서 할머니는 내 옆에서 소리도 없이 일어납니다.[45]

정찰병은 할머니가 거창이라는 말을 듣고 놀라는 이유를 궁금해 하지만, 할머니는 말없이 방을 나가버린다. 정찰병은 나중에 부락의 동무들에게 거창과 관련된 할머니의 내력을 전해 듣는다. 할머니는 원래 아들 부부, 손자와 함께 살고 있었는데, "아들은 1946년 10월 항쟁 때 농민 폭동의 선두에 섰다가 놈들의 흉탄에 쓰러졌고, 손자는 1948년 2·7 구국 투쟁 때 산으로 올라가서 빨치산이" 되었으며, 며느리 또한 경찰의 고문으로 생을 마감하면서 홀로 남게 되었다.[46] 며느리가 경찰에게 고문을 당한 것은 손자 때문이었다. 손자는 입산 이후 소백산맥을 타넘으며 투쟁을 계속하였는데, 1949년 거창읍 진격 당시 남한 경찰이 손자의 거처를 알아내기 위해 며느리를 고문했던 것이다.[47] 거창이라는 말에 할머니가 충격을 받은 것은 정처

---

45 「꿀」, 379-380쪽.
46 「꿀」, 384쪽.
47 소설에서 언급하는 거창 진격이란 1949년 8월 23일 남로당 야산대가 거창 읍내로 진격하여 경찰서, 군청, 재판소 등을 불태운 8·23사건을 뜻하는 깃으로 보인다. 8·23 사건에 대해서는 디지털거창문화대전 자료(http://geochang.grandculture.net/geo chang/dir/GC06300571 [2022-11-10]) 참조. 1949년 신문보도를 통해서도 8월 23일 거창경찰서 피습사건에 대해 확인할 수 있다. 이에 대해서는 1949년 8월 27일자 『경향

를 알 수 없는 손자와 죽은 며느리 때문이었다. 이상을 통해 할머니의 손자가 남로당 유격대이고 전쟁 전부터 남로당 유격대가 거창 부근에서 활발하게 활동했다는 사실이 더욱 분명해진다. 그러나 며느리의 고문과 죽음에서 확인되듯, 할머니의 내화에서 남로당보다 더 강조되는 것은 남한 군경의 잔혹하고 부당한 폭력이다. 남한의 군경은 자식이 '남로당패'라는 이유로 그의 어머니를 고문하고 죽인다. 이는 연좌제이자 명백한 국가폭력이다.

조금 과도한 추론일 수도 있겠으나, 할머니가 들려주는 내화는 은연중 1951년 2월 거창에서 발생했던 남한 군대의 민간인 집단학살, 즉 '거창사건'을 떠올리게 한다. 물론 '거창사건'은 1951년 3월 말에 이르러 비로소 공식적으로 알려졌고,[48] 「꿀」은 조선문학예술총동맹의 기관지 『문학예술』 4권 1호인 1951년 4월호에 실렸기 때문에, 소설 집필에 필요한 시간을 고려한다면 '거창사건'과 「꿀」의 관련성을 논하는 것이 조금 무리일 수도 있다. 그런데 한 가지 흥미로운 점은, 「꿀」이 실린 『문학예술』 1951년 4월호가 4월이 아닌, 1951년 5월 20일에 발행되었다는 사실이다.[49] 따라서 집필 시간만 놓고 보자면, 충분하진 않지만 그렇다고 불가능한 것도 아닌 셈이다. 게다가 할머니가 들려주는 이야기의 가장 중요한 화소, 즉 며느리의 고문과 죽음은 '거창사건'의 성격과 완전히 동일하다. 두 사건 모두 남로당 유격대에 의해 거창군의 공공기관과 군경이 큰 피해를 입은 것이 원인이 되어

---

신문』, 1949년 8월 28일자 『동아일보』, 1949년 9월 4일자 『조선일보』 기사 등을 참조할 것.

48  「三大事件眞相暴露乎」, 『동아일보』, 1951.3.30.

49  김성수, 「북한 초기 문학예술의 미디어 전장」, 『상허학보』 45, 상허학회, 2015, 267쪽.

남한의 군경이 거창군 주민들을 잔혹하게 살해한 사건이기 때문이다. 마지막으로, 이 소설에서는 '거창'이라는 지명을 필요 이상으로 강조한다. 소설의 시작부터 거창으로 진입하는 루트를 상세히 서술하며, 앞선 인용문에서 이미 확인한 바 있지만, 특히 정찰병과 할머니의 대화를 통해 '거창'이라는 단어 자체에 강한 의미를 부여한다. 요컨대 작가는 '거창'이라는 기표를 활용해 남한 군경의 잔혹하고 부당한 폭력을 상징적으로 비판함과 동시에, 어떠한 폭력에도 꺾이지 않는 인민과 인민군대의 공조를 전시하는 셈이다.

「꿀」은 현재까지 확인된 김남천의 마지막 문필 활동이다. 김남천은 생애 마지막 소설을 통해 남한 군경의 부당한 폭력을 고발하고 종파를 초월한 인민군대와 인민의 공고한 연대를 선전하였다. 부상당한 북한 정규군 정찰병을 살리기 위해 할머니가 내놓은 꿀물은 남로당 유격대로 활동 중인 손자를 위해 마련해 둔 것이었다. 그러나 1953년 8월 6일, 김남천은 이 소설을 마지막으로 임화, 이승엽, 이원조, 이강국, 설정식 등 남로당 출신 문인·지식인들과 함께 숙청당한다.[50] 1952년 12월 15일에 열린 조선로동당 중앙위원회 제5차 전원회의 보고에서 김일성은 문예총 내부의 종파분자로 임화, 김남천, 이태준 등을 거론하며, 김남천의 경우 「꿀」이 그 직접적인 근거로 지목된다. 이후 한효, 엄호석, 한설야의 비판이 이어지면서 김남천과 그의 마지막 작품 「꿀」은 북한 문학사에서 자취를 감춘다.[51]

---

50   조영복, 『월북 예술가 오래 잊혀진 그들』, 돌베개, 2002, 42쪽.

51   오태호, 「북한문학의 지배 담론과 텍스트의 균열 양상 연구-해방에서 한국전쟁기까지 (1945-1953)의 주요 작품을 중심으로」, 『한국근대문학연구』 17-1, 한국근대문학회, 2016, 250-256쪽.

남한 군경의 부당한 폭력을 고발하고 인민군대와 인민의 공고한 연대를 선전하는 소설이 월북 문인 김남천의 숙청 근거가 되었다는 사실은 전쟁을 통해 비로소 국가와 국민이 하나가 되었던 한반도 현대사의 비극을 재차 상기시킨다. 종군 작가 김남천의 경험이 투영되었을 외화의 '나'는 부상당한 정찰병이 들려주는 내화에 대해 어떤 해설이나 의미 부여도 하지 않는다. '나'는 이야기를 듣는(전달하는) 사람일 뿐이고, 소설이 할 수 있는 일 또한 딱 거기까지이기 때문이다. 그러나 한반도의 영토와 주권을 놓고 겨루는 내전 속에서, 문학의 언어가 지니기 마련인 함축성과 상징성은 언제든 작가의 목을 겨누는 무기로 변할 수 있었다. 물론 그 변용의 결과가 문학의 내재적 속성은 아닐 터, 신생하는 국가의 변용하려는 힘에 맞서 문학은 무엇을 할 수 있었을까.

## 5. 결론을 대신하여 : 문학의 공동체에 대해

　　본고에서 다룬 세 편의 소설들은 모두 한반도에서 국가가 성립되던 시기를 다루며, 국가로부터 버림받았거나 스스로 국가의 국민임을 부정한 작가들에 의해 창작되었다. 세 편의 소설과 그 소설을 쓴 작가들은 국가가 곧 폭력이라 인식한다는 점에서 동일한 문제의식을 공유한다. 그들은 소설을 통해 폭력을 정당화하는 국가의 권력에 의문을 제기함으로써 진정한 공동체의 도래를 희구한다. 자식을 잃은 노파의 초월적인 인간애를 상징하는 '잔등(殘燈)', '카인의 후예'들이 지배하는 세계에서 박훈을 구원하는 오작녀의 타는 듯한 눈빛, 생면부지의 타인을 환대하는 할머니의 '꿀' 등이 바로 그들이 지향했던 공동체의 진정한 모습이다. 이러한 공동체의 형상은 '잔등'과 '눈빛'과 '꿀'처럼 연약하고 일시적이며, 무엇보다 문학의 허구적·상징적 언어로서만 유지될 뿐이다. 이 형상은 현실의 공동체를 직접 지시하지 않기에 사회에 속한 것이 아닌, 오로지 문학의 허구적·상징적 언어 자체로만 현시되는 문학의 공동체다.

그러나 진정한 공동체를 향한 그들의 희구는 자주 해방 조선의 민족=국가나 한반도 남·북 정부에 대한 옹호로 인식되기도 했다. 이것이 문학의 역능을 무효화하는 국가의 통치 방식이다. '이데올로기적-억압적 국가장치'라는 알튀세르의 용법에서도 확인되듯, '국가'에 의해 자행된 '폭력'의 문제는 기실 근대국가의 구성적 속성으로부터 기인한다. 근대적인 의미에서의 국가란 '만인의 만인을 향한 투쟁'을 제어하기 위해 혹은 인민들의 비대칭적인 힘을 중재하기 위해 만들어진 일종의 구성물이고, 이러한 국가의 권력은 내·외부의 적으로부터 국민을 보호한다는 명목하에 폭력의 독점적 소유를 정당화한다. 따라서 폭력의 독점적 소유를 정당화는 국가의 논리란 내·외부의 적을 가시화할 수 있는 역량에 달려 있다고 해도 틀린 말이 아니다. 조선을 식민화했던 제국의 난민들과 그들을 사냥하는 애국청년들, 노동 없이 부를 독점했던 지주 계급과 마을 공동체의 인륜을 파괴하는 계급투쟁의 대리인들, 그리고 양민/남로당을 학살/숙청하는 남한 군경/북한 정권 등의 대립항은 한반도에 신생할 국가의 적과 그 국가의 건설 주체가 실질적으로는 하나임을, 그렇기에 국가의 적과 건설 주체 모두 허명에 불과함을 선명하게 드러낸다. 그 하나의 이름은 '국민=국가'이다.

「잔등」, 『카인의 후예』, 「꿀」 등에서 상징적으로 표현된 진정한 공동체의 형상은 국민=국가라는 허명의 공동체를 부정하는 방식으로서만, 일시적이고 유동적으로만 현전한다. 하나로만 셈할 수 있는 국민=국가라는 공동체는 하나로 규정될 수 없는 유동적이고 일시적인 문학의 공동체를 하나로 셈하기 위해 그것을 폭력적으로 전유한다. 작가(근대적인 사회의 분화 과정을 통해 예술가로 규정되기에)를 포함하여 문학이라는 제도 역시 그 전유에 연루되어 있음이 분명하다. 이로써 국가폭력이란 살아 있는 모든 존재들과 사회를 구성하는 모든 요소들을 하나로 셈하려는 상징체계의 구조 속에서 그 정당화의 논리를 얻는다는 점이 분명해진다. 그렇기에 문학의 공동체란 제도로서의 문학을 포함하여, 하나로 셈하려는 상징체계의 폭력적 구조로부터 탈주하려는 글쓰기의 유동적인 충동 속에서만, 그 글쓰기를 향유하려는 일시적인 정동에 의해서만, 공동체의 공통적 목적의 필연성을 단절시키는 그 순간에 의해서만 공동체로 존재하고 또 그렇게 공동체를 부정할 수 있다 하겠다.

# 참고문헌

## 1. 기본 자료

김남천, 채호석 편, 『김남천 단편선』, 문학과지성사, 2006.
허준, 서재길 편, 『허준 전집』, 현대문학, 2009.
황순원, 김종회 편, 『황순원 소설선 : 카인의 후예』, 문학과지성사, 2006.

## 2. 논문, 단행본, 기타 자료

강경석, 「허준 연구」, 인하대학교 석사학위논문, 2020.
구재진, 「허준의 「잔등」에 나타난 두 개의 불빛과 허무주의」, 『민족문학사연구』 37, 민족문학사학회, 2008.
권영민, 『한국현대문학사』 2, 민음사, 2020.
김동춘, 『대한민국 잔혹사 : 폭력 공화국에서 정의를 묻다』, 한겨레, 2013.
김동현, 「'표준어/국가'의 강요와 지역(어)의 비타협성 : 제주 4·3문학에 나타난 '언어/국가' 문제를 중심으로」, 『한국민족문화』 56, 부산대학교 한국민족문화연구소, 2015.
김성수, 「북한 초기 문학예술의 미디어 전장」, 『상허학보』 45, 상허학회, 2015.
김윤식, 『한국근대문학연구방법입문』, 서울대학교 출판부, 1999.
공진성, 『폭력』, 책세상, 2009.
김윤식, 「허준론 : 소설의 내적 형식으로서의 '길'」, 김윤식, 정호웅 편, 『한국 근대리얼리즘 작가 연구』, 문학과지성사, 1988.
김은정, 「전쟁기 문학을 통한 정체성의 재구성-북한문학에 나타난 마산·충북양민학살을 중심으로」, 『비평문학』 52, 한국비평문학회, 2014.
김주현, 「『카인의 후예』의 개작과 반공 이데올로기의 문제」, 『민족문학사연구』 10, 민족문학사학회, 1997.
박명림, 「국민형성과 내적 평정 : '거창사건'의 사례 연구」, 『한국정치학회보』 36-2, 한국정치학회, 2002.

박명림, 「북한 혁명의 성격-북한토지개혁의 과정·내용·의미 분석」, 『아세아연구』 97, 고려대학교 아세아문제연구원, 1997.

박필현, 「폭력의 경험과 근대적 민족국가-초기 4·3소설을 중심으로」, 『현대문학이론연구』 63, 현대문학이론학회, 2015.

신형기, 「허준과 윤리의 문제-「잔등」을 중심으로」, 『상허학보』 17, 상허학회, 2006.

염창동, 「하근찬 장편소설 『야호(夜壺)』의 관전사(貫戰史)적 연구-국가권력의 폭력구조와 국민정체성의 이동을 중심으로」, 『현대문학의 연구』 66, 한국문학연구학회, 2018.

오태호, 「북한문학의 지배 담론과 텍스트의 균열 양상 연구-해방에서 한국전쟁기까지(1945-1953)의 주요 작품을 중심으로」, 『한국근대문학연구』 17-1, 한국근대문학회, 2016.

유길재, 「북한정권의 형성과정 : 인민위원회의 조직과 활동에 관한 연구」, 『북한체제의 수립과정』, 경남대학교 극동문제연구소, 1991.

유임하, 「월남민의 균형감각과 냉전의 분할선 : 개작과 검열의 관점으로『카인의 후예』 다시 읽기」, 『한국문학연구』 66, 동국대학교 한국문학연구소, 2021.

이봉범, 「냉전 금제와 프로파간다-반란, 전향, 부역 의제의 제도화와 내부냉전」, 『대동문화연구』 107, 성균관대학교 대동문화연구원, 2019.

이재용, 「국가권력의 폭력성에 포획당한 윤리적 주체의 횡단」, 『어문론집』 58, 중앙어문학회, 2014.

정재호, 『6·25 대실록 : 그날의 산하』, 드라이브사, 1983.

조영복, 『월북 예술가 오래 잊혀진 그들』, 돌베개, 2002.

최현주, 「역사적 사건으로서의 여순 10·19와 문학적 형상화」, 『인문학연구』 57, 조선대학교 인문학연구원, 2019.

한순미, 「국가폭력과 사랑/연애 서사-해방 이후 박화성 소설에서 역사적 재난들과 역사의식의 변화」, 『현대문학의 연구』 78, 한국문학연구학회, 2022.

홍기돈, 「근대적 민족국가와 타자(他者)의 시선으로 재현된 제주 공동체의 면모」, 『우리문학연구』 59, 우리문학회, 2018.

기무라 미쓰히코, 「파시즘에서 공산주의로-북한 집산주의 경제정책의 연속성과 발전」, 『해방 전후사의 재인식』, 책세상, 2006.

루이 알뛰세르, 김동수 역, 「이데올로기와 이데올로기적 국가장치」, 『아미엥에서의 주장』, 솔, 1996.

조르조 아감벤, 김항 역, 『예외 상태』, 새물결, 2008.

거창경찰서 피습 사건 관련 일간지 기사 : 『경향신문』, 1949.8.27; 『동아일보』, 1949.8.28; 『조선일보』, 1949.9.4.

「三大事件眞相暴露乎」, 『동아일보』, 1951.3.30.

디지털거창문화대전(http://geochang.grandculture.net/geochang/dir/GC06300571) [검색일자 : 2022-11-10]

# 사랑 사용법*

## —오월, 당신의 기억을 필사하려면—

### 한순미

#### (조선대학교 인문학연구원 HK교수)

* 이 글의 제목은 5·18민주화운동기록관 제19차 광주정신포럼에서 발표한 최평웅(5·18 당시 광주기독병원 상황실장)의 「인터뷰 구술 녹취 채록본」에 대한 필자의 논평문 「사랑 사용법 : 광주기독병원 상황실에서의 봄밤」에서 가져온 것이다.(5·18 기록물 유네스코 세계기록유산 등재 10주년 기념 포럼 자료집 『80년 5월 두 공간의 기억과 구술 : 구 도청과 광주기독병원을 중심으로』, 2021.5.27, 18-55쪽). 이 글에서 나는 최평웅 선생님의 구술에서 영감을 얻어 "사랑"과 "쓰임[사용]"이라는 말을 다시 사용하고자 한다. 오월 광주의 '고통'에 대해서 '사랑'이라는 말을 사용할 때에는 언어, 기억, 증언, 기록, 용서, 치유, 공동체 등에 관한 질문을 동반한다.

# 1. "환시(幻視)를 보듯이"

아픔을 오랫동안 간직하고 있는 사람들은 대상을 분별하는 눈빛이 섬세하다. 아마도 잊지 않기 위해서 기억의 설계도를 세밀하게 그려 왔기 때문일 것이다. 오월 그날의 기억은 되새길수록 더욱 구체적인 장면들로 채워진다. 고통의 순간을 반복해서 떠올리다 보면 그것을 어느덧 더 깊게 사랑하는 법을 알게 된다. 사랑의 감정이 반드시 행복과 기쁨만으로 이루어진 옷감이 아니듯이, 오월 광주에서 전승된 사랑은 슬픔과 분노로 충만한 사유의 형식이다. 오월 이후 사랑이라는 말의 사용법이 달라졌다고 해야 할 것 같다.

오월 광주를 기록한다고 말할 때, 기록한다는 행위로 포괄할 수 없는 것들이 동시에 상기된다. 기록된 것들 외에도 기록되지 않은 것들, 기록되지 못한 것들, 혹은 기록의 바깥에 추방된 것들, 기록의 주변에서 서성이는 것들이 더 감지되기 때문이다.

기록 속에 기록되지 않은/못한 것들은 여전히 말줄임표에 갇혀 있다. 말줄임표는 쓰고 싶은 말이 너무 많아서 적당히 줄여 쓸 수 없을 때 아무것도 쓰지 않는 방식으로 모든 것을 쓸 수 있는 것이다. 그러나 생략된 그곳에는, 거짓된 기억은 추가하지 않겠다는 단호함마저 느껴진다.

작가 임철우에게 글쓰기는 바로 그런 기억의 틈새를 필사하려는 작업과 다르지 않게 여겨진다. 죽기 전, "그 사람"의 의식으로 들어가야 "한 줄이라도 쓸 수 있겠더라"는 작가의 고백은 오월 그날에서 점점 멀어질수록 그날을 이야기하려는 사람들의 간절한 호소와 겹쳐 들린다. 임철우는 말한다.

> 기록에는 몇 월 몇 시 어디에서 죽었다는 몇 줄의 정보가 다야. 그걸 내가 해야 해. 지어내는 게 아니라 환시(幻視)를 보듯이. 그럴려면 그 사람이 죽기 30분 전 쯤의 그 의식 속으로 내가 들어가야 한단 말야. 그게 얼마나 무서운 일인지 몰라. 못 쓰겠더라구, 도저히. 내가 너무 압도 당해가지고 그래 내가 어떻게 자기최면을 걸었냐면는 '당신들 나한데 들오시오. 당신들 말 한 마디 못 하고 죽었는데, 내가 대신 풀어줄라요. 들오시오, 제발 들오시오' 그렇게 해야만 한 줄이라도 쓸 수 있겠더라구. 한참 쓰다 보며는 내 얼굴이 유령같은 거야.[1]

죽은 자의 말을 듣고 마음을 만져 보는 것은 산 자의 의지로만 될 수 있는 일이 아니다. 기록에 남아 있는 "몇 줄의 정보"에 의지해 "당신들"이 죽기 전, 무엇을 생각하고 있었는지를 상상해야 한다. 그곳으로 들어가기 위해서는 "환상"의 힘에 기댈 수밖에 없다. 죽은 자가 말을 걸어왔을 때

---

1   송광룡 글/이종국 사진, 「이 사람 소설가 임철우 : 1980년 봄날과 1998년 봄날」(『금호문화』1998.5.), 『자료총서』16권, 1999, 140쪽; 134-143쪽. 이 글에서는 광주광역시 5·18사료 편찬위원회, 5·18광주민주화운동자료총서(이하 『자료총서』)(5·18광주민주화운동기록관 제공)에 수록된 자료늘을 참조했다.

산 자는 비로소 죽은 자의 말을 받아 적을 수 있다. 죽은 자들의 얼굴을 불러내어 흰 종이 위에 죽은 자들의 말이 옮겨올 수 있도록 요청하는 의례가 필요하다. "말 한 마디 못 하고" 죽었던 "당신들"만이 기록에서 기록되지 않은/못한 것들을 완성할 수 있다.

어떤 힘이 그토록 많은 사람들을 거리 위에서 함께할 수 있게 만들었던 것일까. 작가 임철우는 1980년 "5월 19일 14 : 00, 금남로 2가"에서 저마다 가슴 속에 오래 전부터 품고 있었던 "이상한 불씨"를 꺼내 읽는다. "그 이상한 불씨가 무엇인지, 그것을 맨처음 어디서, 언제, 누가 가져다준 것인지는 아무도 모른다. 그건 슬픔이나 아련한 그리움 같기도 하고, 혹은 뜨거운 분노 같기도 했다. 아니, 그 전부이거나 전혀 다른 그 무엇인지도 모른다."[2] 봄날 광장을 거대한 불길로 지핀 "이상한 불씨"는 "슬픔", "아련한 그리움", "뜨거운 분노"가 뒤섞여 정체를 선명하게 밝힐 수 없는 것이다.

오월 광주에 대해서 말할 수 없다고 말하는 것은 증언이 불가능하기에 말하는 것을 포기한다거나 증언할 수 없는 신비한 영역을 설정하는 것과는 거리를 둔다. 오월 광주가 온전하게 말할 수 있는 사태가 아니라는 것, 다시 말해, 오월을 말할 수 없다고 말하는 것은 말하지 않겠다는 의지의 표현도 아니며 말을 잃어버렸다는 실어증의 증상도 아니다. 그것은 말로 다 할 수 없는 어떤 것이 언제나 남겨져 있다는 것, 말로 차마 옮겨 쓰지 못하는 공백과 균열이 있음을 의미한다.

말을 완전히 빼앗겨버린 사태와 직면한 순간, 기존과 동일한 문법으로

---

2    임철우, 『봄날』 2권, 문학과지성사, 1997/2005, 177-178쪽.

말을 사용할 수 없다는 앎에 도달하는 것. 단어의 의미 연관이 파괴되고 문장의 통사 구조가 흔들렸을 때 상처의 자리는 더 붉게 드러난다. 오월의 기억은 표준문법으로 필사하는 것을 거부한다.

오월 광주는 언어의 사용 불/가능성을 심문한다. 그것은 말을 할 수 있다거나 혹은 말할 수 없다거나 하는 유형의 증언 불/가능성을 가르는 사태가 아니라 그날의 기억을 남김없이 말한다는 것이 가능하지 않다는 것을 의미한다. 누가 어떤 언어를 사용해 오월을 기억하고 이야기할 수 있는가라는 물음이 거기에는 내장되어 있는 것이다.

## # "대지는 매번 누구에게 이 꽃잎들을 바치는가"

피의 항쟁을 그린 기록에는 핏자국이 희미하다. 기록에 기록되지 않았고 기록에서 발견할 수 없는 것들은, 그러나, 그날의 온도를 잊지 못한 사람들의 표정, 거리의 풍경, 망월동 무덤 곁을 포착한 문장들 사이에서 빛난다.

> 망월동에서, 바람이 불고 꽃잎이 흔들리고 햇빛이 피부병처럼 간지러울 때, 꽃잎들의 벌어짐, 그 활짝 열린 실어증의 입들을 나는 본다. 나는 눈이 아프고 황달을 앓는다. 잎에 침이 마르고 이해할 수 없게 오목가슴이 막힌다. 숨통을 옥죄어오는 말(言)의 체중, 토할 수도 토해지지도 않는 말들, 오래 꿍꿍거려도 내려가지 않는 숙변의 말들, 늘 삶의 방언일 뿐인 말들의 운명. 대지는 매번 누구에게 이 꽃잎들을 바치는가.[3]

---

3  송광룡, 「문학기행 : 망월동에서의 하루, 혹은 16년」(『금호문화』 1996.5.), 『자료총서』 16권, 1999, 121쪽; 120-127쪽.

산 자가 죽은 자에 대해서 증언할 수는 없다. 죽은 넋들이 산 자들의 입을 대신해 말할 수 있는 것이다. 망월동에서는 "바람"과 "꽃잎"이 "실어증의 입들"을 대신해 흔들린다. 넋들의 말없는 입들을 오월의 증언자로 추가할 수 있다. 우리는 말 없이 누워있는 무덤들을 향해 다시 묻는다. "대지는 매번 누구에게 이 꽃잎들을 바치는가."

오직 남겨진 기록과 환상에 의지해 오월을 통과했던 당신들의 형상을 어렴풋하게 그려본다. 타오르는 불길 속으로 휘말려 들어갔던 사람들, 바깥에서 구원의 손길이 도착하길 애타게 기다리던 외로운 눈빛들, 한순간 정지된 봄의 푸르름을 닮아버린 얼굴들. 정처 없이 흘러온 이야기는 어떤 마음에 깊은 마디를 짓고 또 다른 곳으로 흘러간다. 사건을 증언하는 자리에서 이어지는 수다들, 침묵하는 입들, 시체를 찾아 거리를 헤매던 밤들, 이 모든 것들은 역사의 어두운 길목을 비추는 빛의 조각들이다.

5·18광주민주화운동기록관 5·18광주민주화운동자료총서(『자료총서』)는 다양한 유형의 자료들을 수집 보관하고 있다. 선언문, 취재 기사, 보도문, 국회 회의록, 행정문서, 군경찰문서, 재판기록, 사진, 동영상 등은 아득한 그날을 소리없이 웅변한다. 헤아릴 수 없을 정도로 방대한 분량의 기록들은 오월 이후 고요하고 적막한 시공간을 향해 호소한다. 그곳에서 흩어진 자료들을 수집, 발굴, 보존하려는 사람들의 손길에 닿으려는 열망과 아무것도 믿지 않으려 하는 사람들을 향한 분노가 함께 발생하고 있었다. 그러나 오월 기록에는 다음과 같은 것들이 잘 보이지 않는다 :

숨결, 빗방울, 햇살, 새소리, 유리 조각, 밥알, 시계바늘, 손톱, 촛불,

그을음, 냄새, 땀, 속눈썹, 꽃잎, 먼지, 눈물, 거룩함, 의로움, 외로움, 불씨.
(…) 같은 것들.

　두서없이 나열한 어휘 목록은 기록에 기록된 것들이 아니라 기록 '속'에 묻혀 있거나 기록 '바깥'으로 내몰려 추방된 것들이다. 조각난 말들의 파편은 증언할 수 있는 언어의 한계를 심문한다. 오월 광주의 기억을 간직한 무수한 기록들 앞에서 더 이상 어떤 말과 글을 덧붙여 쓸 수 있을까, 라고 되묻게 된다. 이토록 명확한 증거들이 남아있는데 오월의 진실을 규명하는 작업은 어떤 의미를 지닐 수 있는 것일까, 라는 물음이 잇달아 생겨난다. 처음부터 진실을 믿지 않으려는 사람들에게 수집, 보관 저장된 저 방대한 오월 기록들은 대체 무엇일까.

　항쟁이 끝난 직후 피와 땀에 젖은 거리를 "청소"하는 작업이 신속하게 진행되었다. 당시 조선대학교 부속고등학교 3학년생이었던 아들을 도청에서 잃은 어머니의 "분하고 서러웠던 7년 세월"을 "광주의 말투 그대로" 기록했다.

　　밤을 새우고 이튿날, 그렇게 27일부터 아들놈을 찾아나섰지라. (…) 혹시 밑에는 하얀 츄리닝 입고 위에는 파란 옷 입었응께 그런 애가 계엄군에게 잡혀있나 알아봐주라고 하고는 산수동서 버스를 타고 학동집에를 오는디 맘이 좀 이상하데요이, 시내가 그렇게 깨끗할 수가 없어. 그 피투성이였던 시내가, 맥없이 맘이 안좋고 시상에 죽은 사람만 불쌍하구나, 이렇게 시내가 깨끗하니 핏자국은 흔적도 없어져 부렀구나, 죽은 사람들 그 양반들이 흘린 피도 서렇게 깨끗이 없어져 버릴 것이다냐. 우리

아들도 저렇게 되어부렀다냐, 그런 생각을 하고 집에를 왔단 말이요.[4]

말끔하게 "청소"된 거리는, 시간이 흐른 후 항쟁의 흔적이 스스로 소멸하는 것이 아니라 의도적으로 삭제되거나 지워질 수 있다는 것을 보여준다. 흔적조차 사라진 그곳에는 존중받지 못한 죽음들이 묻혔다. 복구의 속도는 망각의 속도를 앞질렀다. 복구된 거리는 거기에서 무엇이 지워지고 없어졌는지를 돌이켜 보게 한다.

기억은 의지와 무관하게 닳고 부서지기 마련이다. 따라서 누구의 손길에 의지해 기록된 역사인가라는 질문은 손상된 기억을 복원하는 작업에서 결코 가볍지 않은 문제를 일으킨다. 역사의 진실을 쓰기 위해서는 삭제된 기억을 재구성하고, 왜곡의 지점을 밝혀내는 것만이 아니라 풍화작용에 의해 기억이 마모된 자리, 부서진 기억 파편의 행방에도 관심을 가져야 한다.

본래의 기억에서 떨어져 나간 편린들, 바람에 의해 닳아진 건물의 표면들, 그것을 그대로 복원하는 작업도 중요하겠지만 다시 돌이킬 수 없는 것들에 대해 상상하는 작업도 필요해 보인다. 기억 중의 무엇이 어디에서 삭제, 분리되었으며 그 자리는 지금 어떤 모습으로 변형되어 왔는지를 지속적으로 관찰하는 눈빛이 필요하다. 기록에서 추방된 이름들이 머물렀던 공간의 역사를 주변의 사물과 풍경, 그리고 건조한 행정문서가 대신 말해 주기도 한다.

---

4   김춘수(5·18유가족회 회원/이봉환 기록), 「수기특집 '광주 그날의 유산' : '착한 자식 죽은 것도 서러운디'」(『월간경향』 1988.4.), 『자료총서』 12권, 1998, 15쪽; 11-24쪽.

## 2. 공간과 기억

무엇으로도 그날의 참상과 지속되는 아픔을 그대로 복원할 수 없다는 절망에서 더욱 사실 그대로 복원하려는 의지가 생겨나는 것인지도 모른다. 오월의 기억을 누락하지 않고 훼손되지 않게 저장할 수 있는 공간을 확보하는 것은 그곳에 채울 기억의 내용만큼 중요하다. 하지만 어떤 공간에도 기억을 있는 그대로 저장할 수 없으며, 편집된 여백과 틈이 자리할 수밖에 없다.

나아가, 오월의 트라우마를 간접적으로 겪었던 세대를 위한 오월의 공간은 어떻게 준비되어야 할 것인가. 당사자들의 기억을 배반하지 않으면서 상처를 덧내지 않는 방식으로 오월의 기억을 옮겨올 수 있는 공간을 마련할 수 있을까. 기억 공간의 내부와 외부를 설계하는 작업은 끊임없는 투쟁의 여정이 될 수밖에 없다. 불편한 기억의 소유자들은 매끈한 벽면으로 장식한 단조로운 공간을 추구할 것이며, 또 다른 불편한 기억의 소유자들은 다소 거칠더라도 기억의 원형을 간직하려고 애쓸 것이다.

공간과 기억의 관계는 한편 실존적인 영역을 거느리고 있다. 항쟁의 기억 공간을 설계하고 배치하는 것이 쟁점이 될 수 있는 이유는 몇 가지 기억의 표본을 추출해 밋밋한 공간에 저장하는 것으로 마무리할 수 없기 때문이다. 그때 그곳에 있었던 사람들과 그때 그곳에 있지 않았던 사람들, 그때 그곳에서 일어난 일들을 다르게 기억해온 사람들이 공간을 감각하는 방식 차이와 변형의 과정을 간과할 수 없다. 저마다 간직한 다른 기억들이 교차한 곳에서 공간의 새로운 역사가 펼쳐진다.

개별 주체들의 기억은 집단 주체로 표상된 항쟁의 역사와 다른 각도에서 공간을 현상한다. 그 사례로 다음에서는 5·18 당시 광주기독병원, 황금동 콜박스, 광주관광호텔에서 항쟁을 목격했던 사람들의 구술과 기록을 읽어 볼 것이다. 여기에서 그들의 기억이 실제 사실과 어떻게 같고 다른지를 분별하는 일보다 거대한 항쟁의 물결과 마주한 순간에 개개인의 기억에 남겨진 이야기들에 관심을 둔다.

## 1) 광주기독병원

광주기독병원은 1905년 11월 20일 미국남장로교 의료선교사 놀란(Dr. J. W. Nolan)이 진료소(광주제중원)를 개설한 후 100여 년의 역사를 흘러온 유서 깊은 공간이다. 이 병원은 사회와 가족에게 버림받았던 한센병(나병) 환자, 결핵환자 등을 치료, 교육하면서 "전형이라 여겼던 질병들을 치유 가능하고 예방이 가능한 질병으로 바꾸는 기적을 일으켰"던 곳으로 알려져 있다.[5] 광주기독병원의 역사에서 오월 당시 외국인 선교사, 목사 등이 보여준 공감과 연대의 정신은 오월공동체의 형상을 다시 그려보는 데에 시사하는 바가 크다.

"1940년생" 최평웅(5·18 당시 광주기독병원 상황실장)은 항쟁 기간에 병원 내외부 '상황'을 파악하는 일을 담당하였다. 그의 구술 채록본에는 원요한 형제, 이철원 선교사 등을 비롯해 광주기독병원에서 지낸 외국인 선교사들

---

5    「광주기독병원 약사」, 광주기독병원 홈페이지 참조.

이 오월의 현장과 함께했던 숨은 이야기들을 들을 수 있다. 그는 원요한 형제가 "나는 시민들과 함께 죽겠다."라고 했던 말, 시민군들/계엄군들이 책상에 두고간 물건들, 광고, 숫자, 글자, 병원을 찾아온 환자들 혹은 외국인들의 표정을 떠올렸다.

특히 김영복 사진사와 허철선 목사가 서로 사진을 교환했다는 이야기는 감동을 주었다. 아울러 최평웅 상황실장의 구술에서 언급한 김영복 사진사가 찍은 사진들이 어떤 경로로 해외로 전달되었는지, 그리고 그 사진들이 광주 오월의 실상을 국제적으로 알리는 데 크게 기여했다는 사실을 확인할 수 있다.[6]

## # "저는 질서가 있었다고 생각해요. 그 흐름이 있었어요."

오월 항쟁 당시 기독병원 상황실에서 바라본 병원 안/밖의 '상황'과 오월의 거리 풍경은 어떠했을까.

(광주 호텔) 2층에서도 이렇게 보고. 중간에 피가 끓어서 못 보는 거

---

6  이와 관련된 내용을 다음의 증언에서 보다 상세하게 들을 수 있다. 안성례(당시 광주 기독병원 간호감독) : "우리 병원에 김영복이라고 하는 사진사가 있었습니다. 그리고 헌트리(Huntley)라고 하는 목사님이 계셨어요. 헌트리 목사가 사진을 잘 찍고, 그 분은 예견된 생각이었던가! 김영복씨한테 사진을 다 찍으라고 한 거예요. 저 시체들 전부 다 사진을 찍으라. 그래 가지고 자기가 다 갖고 있었어요. 그랬는데 미국에서 자기 아는 선교사가 온 거예요. (⋯) 내가 잘 기억이 안 나는데. 하여튼 문익환 목사님의 사모님, 박용길 장로님을 통해서 이것이 엠네스티(Amnesty)에 어떻게 흘러 들어간 거예요. 그래서 그 처참한 사진들이 기독병원에서 찍어진 사진들이 그렇게 독일로 들어간 거예요."(5·18기념재단 편, 『구술생애사를 통해 본 5·18의 기억과 역사 10-간호사 편』, 심미안, 2020, 115쪽; 109-154쪽)

야. (…) 그것은 그때 그 기분으로는요. 죽고 살고가 문제가 아니에요. 누구든지 참여한거에요.[7]

저는 질서가 있었다고 생각해요. 그 흐름이 있었어요. 흐름이. 나는 그 질서에 대해서 참으로 기뻐하는 사람중에 한 사람이에요. (…) 맥이 살아, 살고 움직이고 있다. 질서가 있다는 거를 그때 느낀거를 그걸 말하고 싶어서 말한거에요. 그 흐름에 있었어요. 절대 약탈하거나 방화하거나 그거 없어요.[8]

사실 우리를 훈련시켜가지고 하나님이 5·18민주화운동 때 우리를 사용하신 것 같아요. (…) / 정말로 하나님이 우리 병원 사용하셨어요. 우리 광주를 사랑하시니까.[9]

"광주 호텔 2층"과 광주기독병원에서 바라본 거리는 "누구든지 참여"해 시위대를 형성하고 있었다. 그는 시위대의 움직임에서 어떤 "질서"와 "흐름"을 보았으며 질서있게 "맥이 살아, 살고 움직이고 있다"고 느꼈다고 했다. "약탈"이나 "방화"와 같은 무질서한 일들은 벌어지지 않았다고 강조했다. 어떤 변화의 흐름을 만들어가는 공동체의 형상을 감지한 듯하다.

---

7  최평웅(5·18 당시 광주기독병원 상황실장), 5·18 기록물 유네스코 세계기록유산 등재 10주년 기념 제19차 광주정신포럼 「80년 5월 두 공간의 기억과 구술 : 구 전남도청과 광주기독병원을 중심으로」, 5·18민주화운동기록관, 2021.5.27.
8  최평웅(5·18 당시 광주기독병원 상황실장), 「80년 5월 두 공간의 기억과 구술 : 구 전남도청과 광주기독병원을 중심으로」, 앞의 글.
9  최평웅(5·18 당시 광주기독병원 상황실장), 「80년 5월 두 공간의 기억과 구술 : 구 전남도청과 광주기독병원을 중심으로」, 앞의 글.

최평웅 상황실장의 구술에서는 "사랑"과 "사용"이라는 단어를 반복해서 들을 수 있다. 아무리 고통스러운 기억이라도 해도 시간이 흐른 뒤에 아픔의 자리에는 "기쁨"이 차오를 때도 있고 그런 한편, 형언할 수 없는 아픔을 "기쁨"만으로 덮어둘 수 없을 때도 있다. 그가 1980년 봄날, 그 죽음의 문턱을 "기쁨"이 충만한 시공간으로 기억하는 이유는 오월이 "하나님 안에서 사랑"이 실현된 광주였다는 믿음, 특히 "기독병원"이 그 "사랑"의 "쓰임"을 증거하기 위해 선택된 곳이라는 믿음에서 비롯된 것으로 보인다.

### # "피를 확보하는 게 이제 논쟁이 되는 거예요."

전시 상황에서 병원 내의 상황실과 행정실이 준비해야 하는 목록은 적지 않았다. 식량, 링겔, 약, 피, 헌혈, 산소 공급 등에 관한 사항을 점검하는 것이 상황실의 주요한 행정 임무였다. 아울러 "유언비어"를 "차단"하는 역할도 담당하였다.

> 제가 맡은 행정은 뭘 해야 하느냐. 첫째 중요한 것은 식량을 준비해야 돼요. (…) 두 번째는 약 준비를 해야 돼요. (…) 링겔을 비롯해서 약을 최소한으로 한 몇 개월 이상 쓸 수 있도록 공급해야 돼요./ 그 다음에 총상환자나 이런 외상환자 사고가 터지니까 외상환자가 인제 올 텐데 피를 확보해야 하잖아요. 피를 확보하는 게 이제 논쟁이 되는 거에요.[10]

---

10 최평웅(5·18 당시 광주기독병원 상황실장), 「'80년 5월 두 공간의 기억과 구술 : 구 전남도청과 광주기독병원을 중심으로」, 앞의 글.

그때 당시에 제일 큰 걱정이 유언비어였어요. 그래서 내 방을 유비통신 상황실이라고 그랬거든. 유비통신. (…) 당시의 유언비어가 경상도 군인들이 우리 젊은이들이 싹 다 잡아죽이러 왔다. 이런 자극적인 유언비어가 있었는데 그런 이야기들도 직원들한테 차단하는 곳이 어디냐 하면 제 상황실이에요.[11]

위에서 보듯이 전시 상황에서 "피를 확보하는 게 이제 논쟁이 되는 거예요."라고 표현한 대목이 인상적이다. 생명을 구하기 위한 "피를 확보"하는 과정에서 행정기관이나 다른 병원들 간의 갈등이 적지 않았을 것으로 짐작된다. 또한 병원 내부의 유언비어와 소문을 "차단"하는 역할을 담당했던 상황실장의 증언에서 당시 기관 내에서 유언비어 전달 과정과 관리 방식을 짐작해볼 수 있다.

오월 당시 유포된 '유언비어'와 '사실'의 관계는 명확하게 반대되는 것이 아니라 미묘하게 얽혀 있었다. 유언비어 중에서 사실에 근접한 것들도 있었을 것이고, 사실을 왜곡해 거짓으로 유포된 것들도 있었을 것이다. 누가 무엇을 유언비어라고 규정하고 전달했는지도 예민하게 다룰 부분이다. 또한 누가 그 말을 어디에서 듣고 누구에게 전달했느냐는 오월의 진실을 가리는 데에도 중요한 대목이다. 병원 상황실과 같은 특별한 위치에서, 유언비어가 전달되는 경로와 그 통제 과정을 살피는 것도 흥미로운 주제이다.

---

11  최평웅(5·18 당시 광주기독병원 상황실장), 「'80년 5월 두 공간의 기억과 구술 : 구전남도청과 광주기독병원을 중심으로」, 앞의 글.

# # "미확인 : 21명" 외 : 숫자, 번호, 옷

「기독병원진료카드 (일부) 분석」(총72명)에 따르면 신원을 확인할 수 없는 환자들, "미확인 : 21명"이라고 표시한 부분을 볼 수 있다.[12] 병원에서 "신원을 확인할 수 없는 환자들"을 어떻게 진료했으며 환자들에 대한 보상은 어떤 방식으로 이루어졌는지 더 살펴보아야 할 것이다.

●●● 기 독 병 원 진 료 카 드 (일부) 분 석

● 일자별 분류

| 일 자 | 숫 자 | 일 자 | 숫 자 | 일 자 | 숫 자 |
|---|---|---|---|---|---|
| 18일 | | 22일 | 7명 | 26일 | |
| 19일 | 1명 | 23일 | 3명 | 27일 | 2명 |
| 20일 | 3명 | 24일 | 2명 | 28일이후 | 2명 |
| 21일 | 44명 | 25일 | 1명 | 미확인 | 7명 |

● 성별 분류

| 성 별 | 숫 자 |
|---|---|
| 남 | 69명 |
| 여 | 3명 |

● 부상 경위별 분류

| 경 위 | 숫 자 | 경 위 | 숫 자 | 경 위 | 숫 자 |
|---|---|---|---|---|---|
| 자상 | | 총상 | 46명 | 미확인 | 21명 |
| 박박상 | | 총상후사망 | 3명 | | |
| 찰과상 | 1명 | 파편상 | 1명 | | |

● 연령별 분류

| 연 령 | 숫 자 | 연 령 | 숫 자 | 연 령 | 숫 자 |
|---|---|---|---|---|---|
| 10세 이하 | | 31-40세 | 12명 | 61세 이상 | 1명 |
| 11-20세 | 24명 | 41-50세 | 5명 | 미확인 | 3명 |
| 21-30세 | 26명 | 51-60세 | 1명 | | |

「기독병원진료카드(일부)분석」(총72명), 『자료총서』 24권, 2000, 569쪽.

---

12 「기독병원진료카드 (일부) 분석」(총72명), 『자료총서』 24권, 2000, 569쪽.

다음 몇 편의 구술 증언에 따르면 당시 병원에서는 총을 맞고 들어온 사람들을 위급하게 치료해야 하는 상황에서 다양한 방법으로 환자들을 구별했던 것을 알 수 있다. 환자들에게 "전화번호"를 물어서 적거나 "숫자"로 "진단명"을 구분해 기재하는 방식, 또는 "입은 옷과 발견된 장소를 붙여" 이름 대신에 표시하기도 했다.

가슴에다 매직으로 전화번호를 써 논 거예요, 먼저. 그럼 아무나 보면 나중에 연락을 하라고. 일단은 급하니까.[13]

그저 환자를 구분하기 위한 수단으로 1, 2, 3, 4… 등으로 번호를 써서 몸 어디가 되었든지 붙일 수 있는 곳에 붙였다. 그리고 그곳에 처음 환자를 마주한 의사가 상박골 골절이라고 진단하면, 손이 어딘가 부러졌다면, 진단명을 써놓고 필요한 것들을 기재했다.[14]

입은 옷과 발견된 장소를 붙여 '파추하(파란 추리닝 하의)' '검파상(검고 푸른색 상의)' '무명남(의식이 없어 이름을 물을 수 없었던 환자)' '남광녀(남광주역에서 발견된 여자환자)' 등등으로 가족들과 생이별을 하게 된 환자들, 의식이 없으니 본인 이름은 물론 가족들에게 알리는 것마저 어려운 환자들[15]

---

13   소연석(당시 광주기독병원 분만실 책임간호사), 『구술생애사를 통해 본 5·18의 기억과 역사 10-간호사 편』, 74쪽; 65-105쪽.

14   노성만(당시 전남대학교병원 정형외과 조교수), 『5·18 10일간의 야전병원』(전남대학교병원 5·18민주화운동 의료활동집), 27쪽; 24-40쪽.

15   심재연(당시 전남대학교병원 중환자실 간호사), 『5·18 10일간의 야전병원』(전남대학교병원 5·18민주화운동 의료활동집), 전남대학교병원, 2017/2020, 207-211쪽.

도청에는 시신을 확인할 수 없는 사람, 총은 맞았는데 얼굴을 알아볼 수 없는 사람, 도저히 어떻게 알아볼 수 없게 막 훼손된 사람, 그래갖고 우리가 아는 지인은 아들이 오른손에 점이 있었대요. 그 점을 찾아서 며칠 헤매가지고 찾았다고 그러더라구요.[16]

환자를 구분하기 위해 사용한 숫자나 번호, 입은 옷과 발견된 장소를 붙여 만든 임시적인 이름들, 트럭에 실려간 넝마주이들이 남긴 말들. '미확인'된 숫자에 포함된 사람들은 누구이며 그들의 죽음에 대해 어떤 이름을 붙여줄 수 있을 것인가. 아직 확인되지 않은 그들은 그들이 머물렀던 장소, 그리고 그들의 곁에 잠시 함께 있었던 이들의 기억 속에서만 존재한다.[17]

## 2) 황금동 콜박스

시민군, 혁명가, 열사라는 이름에 가려진 여성들의 활동을 발굴하는 작업을 계층, 직업, 조직, 단체, 공간 등으로 세분화해 접근한다면 다채로운

---

16  황수진(황복덕), 「송백회 학습모임에서 정신대 얘기를 다 읽을 수가 없었어요」, 『구술생애사를 통해 본 5·18의 기억과 역사 9-송백회 편』, 앞의 책, 449쪽.

17  '넝마주이들'을 목격한 사람들의 증언 중에서 다음의 예를 인용해 본다. "그때 갱생원에 넝마주이들이 굉장히 많이 있었는데, 5·18이 될 때 넝마주이들이 많이 잡혀가버렸거든요 (…) 5·18 때 넝마주이 사람들 많이 잡혀간 것을 우리가 목격을 했어요. 트럭에 막 그냥 싣고 가고 그런 것들을 보고."(곽명자(당시 광주기독병원 물품관리계 수간호사), 『구술생애사를 통해 본 5·18의 기억과 역사 10-간호사 편』, 38-39쪽; 37-62쪽.); "넝마주이들이 "우리는 총 맞아 죽어도 되는디" 그래. 헬리콥터에서 총 쏜다고, 우리를 보호한다고, 불로동 다리에서 나보고 뒤로 숨으래. 내가 "죽으면 워쪄" 그러니께 "우리는 죽어도 돼요" 글드라고. 그런 것이 지금도 눈물이 나고…"(송희성, 광주전남여성단체연합 기획, 『광주 여성-그녀들의 가슴에 묻어 둔 5·18 이야기』, 후마니타스, 2012, 212쪽.)

기억들을 수집할 수 있을 것이다.

(5월 24일) 젊고 용감한 여인네들은, 그리고 여대생과 여고생, 심지어
는 황금동의 술집 호스티스같은 여인네들은 조를 편성하여, 즉 「헌혈반」,
「취사반」, 「홍보반」, 「리번반」, 「방송반」, 「헌금반」을 두었다.[18]

계엄군의 살벌한 진압이 시작될 때 맨먼저 시위대에 대한 지원을 해
준 것이 황금동과 구시청 뒷골목의 소위 '접대부아가씨'들이었다.[19]

술집 아가씨 둘이 광산경찰서로 잡혀 왔어요. 어떻게 잡혀 왔냐, 술집
에 번 돈으로 도청에 가서 향을 사다가 피우고, 무명옷을 사다가 시체에
입히고, 그 애들이 협조를 했어요. 그니까 간첩들한테 옷 사다 주고, 제공
했다고 잡혀 들어온 겁니다. 엄청 맞았어요.[20]

위의 구술증언에 의하면 "황금동의 술집"에서 일하던 여성들이 항쟁 당
시 시위대를 지원하거나 시체를 수습하는 일 등에 참여했다는 사실을 읽을
수 있다. 아울러 앞서 읽은 증언과 조금 다른 시각에서, 술집 여성들에
관한 다른 소설 『5월 18일 그날의 황금동 여인들-황금동 콜박스, 황금동
여인들』(2022)을 들 수 있다. 이 소설의 저자 제임스 리는 "'10·26', '12.12',
'5·18' 등 우리 역사에 굵직굵직한 획을 긋는 가장 암울한 시점에" "강원도

---

18  김준태, 「'광주항쟁' 현장일기」(『월간중앙』 1988.5.), 『자료총서』 14권, 1998, 213-220쪽.
19  이준수 기자, 「노동자는 항쟁에 어떻게 참여했나」(『월간노동자』 1989.5.), 『자료총서』
　　14권, 1998, 239-240쪽.
20  전옥주, 『광주 여성-그녀들의 가슴에 묻어 둔 5·18 이야기』, 앞의 책, 167쪽.

전방부대에서 3년간 병역의무 중이었다,"고 자신을 소개했다. 흑백 텔레비전 뉴스를 통해서 접한 '5·18 광주'에 대한 소식에 대해서는 다음과 같이 떠올렸다. "'시민군'은 '폭도' '빨갱이'라는 원색적인 단어로 왜곡되었고 필자 역시 군인의 생리 상 자연스럽게 세뇌되어 그 진실을 알 길이 전혀 없었다"고 했다.

제임스 리는 "일명 '황금동 콜박스' 일대 (…) '황금동 여인들'"의 선행에 대해서는 "공식적인 기록은 어디서도 찾을 수 없었"다고 하면서 그녀들의 숨은 역사를 드러내려는 시도로 소설 『5월 18일 그날의 황금동 여인들』을 집필한 동기를 밝혔다.[21] 소설 속의 한 장면을 옮겨 본다.

> "저 여자들은 누군가?"
>
> 동네 아낙네들 몇몇이 모여서 수군거렸다.
>
> "아, 윗동네 '황금동'에서 온 여자들이여."
>
> "'황금동'이라면 그 몸 파는 여자들?"
>
> "응, 그라지."
>
> "어떻게 저런 여자들하고 함께 밥 짓고 설거지를 하겠능가?"
>
> "난 이 짓 안 할런다."
>
> "'황금동'은 남사스러운 동네라 난 그곳을 지날 때면 고개도 들지 않

---

21 "일명 '황금동 콜박스' 일대 (…) '황금동 여인들'은 (…) 그녀들의 진심 어린 '선한 사마리아인'의 모습은 광주시민들이 그동안 마음 속에 장벽같이 높게 쌓아왔던 '성매매 여성'이라는 그녀들에 대한 부정적인 편견을 일시에 무너뜨리는 계기가 되었다. (…)/ 그러나 그 선행에 대한 공식적인 기록은 어디서도 찾을 수 없었다."(제임스 리, 「작가의 말」(2022.1.), 소설 『5월 18일 그날의 황금동 여인들-황금동 콜박스, 황금동 여인들』, 시커뮤니케이션, 2022, 5-7쪽.)

고 후딱 달리다시피 하는디……."

"긍께."[22]

인용한 문단은 "5월 23일" 시민군들을 위해 가마솥을 올려 밥을 짓던 골목에서 주민들의 수다를 재현한 부분이다. 황금동 여인들은 밥을 짓는 여인들 사이에서도 차별의 대상으로 분류되었다. 주먹밥을 만드는 데 참여한 여성들 내부에서도 직업별, 계층별 차이가 있었음을 보여준다.

소설의 형식을 빌려 재구성된 황금동 여인들의 이야기는 사실 여부에 대한 정확한 검증이 수반되어야 하겠지만 그것은 실증적인 자료 중심의 역사 기술에서 벗어나 기층여성의 시점에서 역사의 빈틈을 상상하고 재구성할 수 있는 여지를 준다. 황금동 콜박스 근처에서 일했던 여성들을 목격한 사람들의 기억과 이야기를 교차해 본다면 오월 여성 공동체의 내부를 다르게 펼쳐볼 수 있을 것이다.

### 3) 광주관광호텔

20일 : 금남로의 차량 시위

이른바 유비통신이었다. 그러나 이런 소문이 사실무근만은 아니었다. 금남로에 출동한 군인들이 밥을 굶은 것은 사실이었다. 시위대 인파 때문에 식사 운반 군용 차량이 통행할 수 없었던 것이다./ 어쨌든 공수부대는 대낮에 학생 시위대를 개 패 듯했을 뿐 아니라, 구경하는 시민들까

---

22    제임스 리, 소설 『5월 18일 그날의 황금동 여인들-황금동 콜박스, 황금동 여인들』, 앞의 책, 102-103쪽.

지 연행했다. 이런 장면이 한편으로 두려움을 주었지만, 동시에 밑바닥에 있는 정의감을 자극했다. (…)

　2층을 지나다가 밖이 궁금해 칵테일 라운지 빈 공간 옆 창문으로 금남로를 내다봤다. 1개 분대 정도의 병력이 호텔 앞 도로에 흩어져 있었다. 부서진 공중전화 박스에서 흘러나온 동전을 주으려 공수대원들이 허리를 굽히고 있었다. 큭큭 웃음이 나왔다./ 침대에 눕자 기절하듯 잠이 쏟아졌다.[23]

　항쟁 당시 광주관광호텔에서 근무중이었던 홍성표(호텔리어)는 "유비통신"이나 "소문이 사실무근만은 아니었다."는 입장을 수용했다. 또한 공수부대와 시위대가 대치하는 장면을 바라보면서 "두려움"과 "정의감"을 동시에 느꼈다고 했다. 시위 장면과 함께 그의 시선을 끈 것은 공수대원들이 금남로 공중전화 박스에서 흘러나온 동전을 주우려고 하는 모습이었다. 총과 칼이 항쟁의 한가운데에서 설치는 와중에도 항쟁의 열기와 다른 평범하고 사소한 삶들이 전개되고 있었다.

　5·18 열흘 동안, 관광호텔 안과 밖에서 일어난 일들을 그토록 자세하게 기억할 수 있었던 이유는 무엇일까. 그날 보고 들은 것들을 '공식적인' 장에서 말할 수 없었던 기나긴 침묵의 시간 동안, 어쩌면 여러 번 동일한 기억들을 반복하면서 잊지 않고 간직해 왔을 것이다. 그의 목격담에는 "공식 기록에서 읽을 수 없는, 때로는 위급하고 때로는 따뜻한 상황들이 생생하게 펼쳐져 있다." 이 증언집은 목격자의 증언을 다른 사람의 손길로 새로 쓰는

---

23　홍성표 일지 메모, 안길정 기획 집필, 「4. 처절한 금남로 : 5월 18일-20일」, 『호텔리어의 노래』, 빨간소금, 2020, 108-110쪽.

과정을 거쳐서 완성되었다.[24]

　오월의 기억은 말과 글로 기록되지 못하는 동안, 서로의 기억과 이야기를 필사하면서 구비전승되어 왔을 것이다. 끊임없이 기억하고 이야기하는 것만이 그날의 아픔을 견디면서 지속하게 하는 힘이 되었던 것이다. 앞서 본 것처럼 목격자, 구술자, 기록자가 동일하지 않는 경우에 말과 글에서 생겨나는 '효과'에 대해서도 관심 있게 읽을 부분이다. 항쟁의 참여자, 목격자, 전달자, 구술자, 기록자가 중첩되거나 서로 달랐을 때 기억/기록의 지층은 더욱 두텁게 형성된다. 여러 상이한 기억들의 접촉면에서 마찰을 일으키는 대화는 기억의 공간을 풍부하게 만든다.

## 3. 폭력과 일상 : 행정문서/마을공동체

　항쟁 직후 일상의 흔적을 누가 어떤 목적과 방법으로 수집, 조사했는지를 살펴보는 것은 오월의 진실을 가리는 데에 매우 중요한 작업이다. 예컨대 오월 당시 "유언비어"라는 말은 화자, 전달자, 기록자 등 다양한 입장에서 다르게 정의되었고 사용하는 방식에 있어서도 차이가 있었다. 유언비어는 특정한 공동체 내에서 가해자/피해자 등을 분별하는 기준이 달랐음을 보여준다. 다음에 인용한 행정문서를 사례로 들 수 있다.

---

24　"그의 기억을 안길정이 담백한 문체로 풀어냈다. 1980년 5월 27일 새벽, 한 사람은 관광호텔에 있었고 한 사람은 도청에 있었다. 생사의 갈림길에서 살아남은 두 사람의 인연이 40년 만에 이 책의 운명이 되었다."(김정한, 「해제 : 그동안 알려지지 않았던 공간과 높이에서 본 5·18」, 『호텔리어의 노래』, 앞의 책, 187쪽; 184-187쪽.)

# # 사례 : 민심순화협의회 구성(안)(1980.5.29.)

□ 민심순화협의회 구성(안)(1980.5.29.)

(…) 4. 악성 유언비어 유포 동향

○ 경상도 출신 공수단을 보내 전라도 놈들의 씨를 말려버리겠다고 했다더라.

○ 계엄군이 여학생 옷을 벗겨 유방을 잘랐다더라.

○ 계엄군을 이틀씩 굶겨 환각제를 술에 타먹여 닥치는 데로 젊은이 들을 죽이게 했다더라.

○ 계엄군에 쫓겨 달아난 학생을 택시 운전수가 택시에 실어주었더 니 계엄군이 택시 운전수를 대검으로 찔렀다더라.[25]

이 행정문서는 1980년 5월 항쟁 직후 '민심순화'를 목적으로 '악성 유언 비어 유포 동향'을 파악한 것이다. 수집 인용한 유언비어에서 "~했다더라" 라는 종결 어미 표현을 주의깊게 읽을 필요가 있다. 그것은 어떤 행위를 완료한 상태를 뜻하는 과거형 "했다"와 말하는 이가 들었던 말을 그대로 전달하는 종결어미 "~더라"를 결합한 것이다.

저 유언비어들의 화자는 이미 완료된 행위를 전달하고 있는데 그 내용이 사실인지 아닌지는 아직 확인되지 않은 상태다. "악성 유언비어"로 확언된 말들은 그것이 사실인지 아닌지를 판단할 여지를 차단한다. 그러나 행정문 서에서는 어떤 사건, 말, 행위 등을 유언비어라고 이미 확정한 다음에 그것

---

25    「민심순화협의회 구성(안)」(1980.5.29.), 『자료총서』 20권, 1999, 135쪽.

이 곧 사실이라는 점을 강조한다. 다시 말해 이같은 유언비어들이 유포된 시기가 항쟁 직후이며 당시에 그것이 "악성" 유언비어인지 아닌지를 분별하지 않은 상태라는 점을 함께 고려해 읽어야 한다.

다른 유형의 자료들을 참조해서 오월 항쟁 직후 유언비어가 어떻게 규정되고 유포되었는지, 그리고 행정기관에서 수집 조사한 보고문서에 유언비어가 어떤 경로를 통해 수렴되었는지를 고찰할 필요가 있다. 또한 항쟁 직후와 그 이후, 행정기관과 마을공동체에서 떠돌던 유언비어와 소문의 양상과 더불어 공동체가 어떻게 그것에 대응해 왔는지를 비교해 읽어볼 수 있을 것이다.

## # 복명서(復命書) : 민심동향 및 기타(民心動向 및 其他)

항쟁 직후, 손글씨로 작성된 행정문서는 대부분 한자어로 되어 있어서 오랜 문서 저장고에서 발굴한 자료 같은 느낌을 준다. 복명서(復命書)는 1980년 6월, 열흘 간의 항쟁이 끝난 직후에 광주 지역의 동 단위에서 조사한 결과를 담은 보고서이다. 이 보고서는 「1. 무기회수, 2. 피해 신고 접수 현황(기타 물품), 3. 출근상황 확인 결과, 4. 민심동향 및 기타」 총 4개 항목으로 구성되었다.[26]

---

26  「복명서(復命書)」, 『자료총서』 21권, 2000, 598-599쪽.

□ 복명서(復命書)

1. 무기회수

2. 피해 신고 접수 현황(기타 물품)

3. 출근상황 확인 결과

4. 민심동향 및 기타

「복명서(復命書)」, 『자료총서』 21권, 2000, 598-599쪽.

「4. 민심동향 및 기타」 항목은 당시 행정기관에서 마을의 민심과 동향을 어떤 점을 중심으로 살폈는지를 보여준다.

| 復命書 : 4. 民心動向 및 其他 | |
|---|---|
| • 대부분 안정을 원하고 있음 | 동명동 제2동 |
| • 하루속히 온주민이 안정된 사회를 갈망하고 있음 | 계림동 제2동 |
| • 사회 질서 안정과 경제 안정이 회복되고 있어 시민들의 일상 생활의 불편이 없어 살기 좋다는 여론임 | 산수동 제1동 |
| • 시민 스스로 자중과 하루속히 안정된 생활과 학생들이 정상수업 희망 | 산수동 제2동 |
| • 물리적인 안정보다는 정신적인 마음의 안정을 바라고 있으며 시일이 흐름에 따라서 안정을 되찾고 있음 | 남금동 |
| • 경기침체로 불경기 | 충금동 |
| • 유언비어 단속에 심적인 말은 못하나 아직도 5·18 사태에 대한 흥분된 마음들이 가라앉지 않고 있음 | 학운동 |
| • 동사무소 인근 도심가는 침묵상태이며 버스 종점 대기기사 등은 1일근무 3일휴무상태라고 탄식 | 지원동 |
| • 안전하게 생업에 전범하고 있음 | 방림동 |
| • 광주사태 이후 생활전선에 분주하고 여념이 없으며 전국적인 불경기로 인한 생업에 지장이 많다는 여론임 | 방림동 제2동 |
| • 5·18 광주사태 이후 생업의 위축과 마음속 깊은 상처 속에서 아직 깨어나지 못하고 있고 아직까지 색출되지 못한 무기탁약류의 행방을 매우 걱정하고 있음/특히 고등교육을 시키고 있는 학부모들은 날이 더해감에 따라 자녀의 교육문제가 하루속히 정상화되기를 갈망하고 있음./근간 배부해주고 있는 구호금 구호 양곡 등에 대하여는 그리 고마움을 느끼지 못하고 담담한... | 사구동 |
| • 특별한 동향 없음 | 월산 4동 |
| • 점차 안정되어 생업에 종사하고 있음) | 농성동 |
| • 적극적인 홍보활동으로 민심이 순화 수습단계에 있음 | 백운동 |
| • 주민의 동향이 별로 무난한 상태임 | 주월동 |
| • 사태시 부상자의 보상을 요구하고 있음 | 송암동 |
| • 안정된 후 생업에 집념 동요는 없는 편임 | 유덕동 |

| 復命書 : 4. 民心動向 및 其他 | |
|---|---|
| • 사망자 이매실 유족에게 슬픔을 동장 및 동직원과 인근주민이 같이하였으나 유족측은 자기 어머니의 사람의 슬픔을 잊지 않고 있으니 앞으로 더욱 위로가 필요하다고 인근 주민 및 동에서 여론임 | 쌍촌동 |
| • 군작전 수행중 피해민간인 가족(사망 및 부상)에게 지속적인 위문이 필요함 | 화내동 |
| • 관내 피해상황은 별로 없는 편/특별한 사항은 없는 편이나 당초사오항에 대한 불만만 있는 편임 | 누문동 |
| • 광주사태를 폭도라는 말로 안했으면 한다./모든 보도에서 광주 사태의 진실된 보도가 아쉽다. | 임동 |
| • 동운동은 변두리 지역으로 방역혜택이 전혀 없으니 광주천 하류 : 주변 및 APT 단지내 방역 소독을 바람 | 동운동 |
| • 5·18사태가 다시 없어야 한다는 주민의 여론이며 동사태에 대하여 무표정임[27] | 우산동 |

　　물론 위의 행정문서가 동 전체에 거주하는 사람들의 마음과 동향을 사실대로 파악하고 주민들의 입장을 반영해 작성된 것이라고 할 수는 없다. 몇 개의 동을 제외하고는 그 내용 또한 거의 동일하다. 여기에서 관심을 끄는 부분은 "악성 유언비어" 유포 금지 등을 보고하고 있는 문장에서 자주 반복되는 "안정"이라는 단어이다.

　　각 동에 거주하고 있는 주민들이 "안정"을 바란다는 보고문들은 앞서 유언비어의 문장들과 마찬가지로 항쟁 직후에 진실을 밝히려는 요구를 미리 차단한다. "안정"이라는 말은 진실을 규명하기도 전에 사태를 조용하게 마무리 짓고 침묵할 것을 보이지 않게 강요한다. 항쟁 직후 작성된 이

---

27　「민심동향 및 기타」, 『자료총서』 21권, 2000, 604-789쪽.

행정문서는 당시 광주 사람들에게 "민심순화"를 목적으로 보이지 않은 침묵을 강요했던 상황을 드러낸다. 국가폭력이 일상의 영역으로 스며들어 작동하고 있는 지점을 볼 수 있는 부분이다.

## # 사례 : 마을공동체의 기억 차이

공선옥의 장편 『그 노래는 어디서 왔을까』(2013)와 중편 「은주의 영화」(2016/2019)를 매체를 중심으로 비교해보면, 두 작품은 증언 기록 작업이 노래, 주문, 소문, 유언비어 등 청각적 이미지와 구술언어에서 카메라 영상으로 전환되는 과정으로 읽힌다. 「은주의 영화」는 증언과 기록 작업에서 활용된 카메라 영상 매체의 특성을 오월 트라우마의 기억을 재현하고 증언하는 방식을 확장하는 기법으로 활용한다.

카메라의 안과 밖이 연결되는 곳에서 과거의 회상과 현재의 시간, 인물의 내적 독백과 인물들의 대화, 화자 '나'와 이모의 심리가 교차 서술된다. 카메라에 담긴 '나—이모—이모의 아버지—동네 아저씨'의 독백, 방백, 대화가 함께 어우러진 장면은 연극 무대를 보는 듯한 느낌을 준다. 카메라는 다각도에서 조명을 비추듯이 오월의 기억을 다른 입장에서 이야기하는 인물들의 다양한 목소리를 담아낸다. 다양한 목소리들은 하나의 사건을 입체적인 시각에서 접근해 하나의 사건이 지닌 진실을 추론하는 데에 기여한다.

여기에서 가족 구성원과 마을공동체에 속한 사람들 내에서 서로 다른 방식으로 오월의 기억을 보존/전승해 왔으며, "피해자"를 정의하는 방식 또한 다르다는 점을 볼 수 있다. 이처럼 마을공동체에 남겨진 오월의 트라우마는 저마다 겪고 있는 트라우마를 동일한 언어로 재현할 수 없는 문제이다.

오월의 기억 작업은 소문, 유언비어, 노래 등과 같은 구술증언과 문자 중심의 기록 작업에서 다큐멘터리, 사진, 영상 등 시청각적 매체로 점차 전환되었다. 「은주의 영화」에서 카메라는 오월의 기억을 영상으로 기록 보존하는 도구인 것만이 아니라 말하고 듣고 보는 것, 그리고 다시 새로운 기억을 말하는 것을 포함한 증언 장치이다. '스크린 영매(Screen Shaman/靈媒)'는 '목격자-전달자'로서의 증언자, 그리고 새롭게 탄생하는 증언자들, 또 다른 증언자들을 접속시키면서 증언의 영역을 확장한다.[28]

문학예술 작품은 죽은 자들의 말 없는 말을 상상하고 서사화 한다. 그것은 한편 오월 기록 속의 빈틈을 채워 넣는 작업이기도 하다. 오월 항쟁의 거리가 한 편의 극적인 드라마와 동일한 구조를 지녔다는 것, 즉 "끔찍한 참상과 속절없는 절망 속에서도 자신을 희생하는 인간적 숭고의 국면은 잘 짜인 한 편의 극과 같은 구성을 갖추고 있다."는 점에 주목한다. 5·18의 기억을 문화예술적 서사로 다시 만들어내는 작업은 "어느 날 등장할지도 모를 또 다른 5·18을 위해서" 필요한 일이라고 역설한다.[29]

---

28  공선옥 소설에 대한 논의는 다음 논문 중의 일부를 가져왔다. 한순미, 「치유 의례로서의 접속-트라우마의 감각적 재현」, 『인문학연구』 64, 조선대학교 인문학연구원, 2022, 231-233쪽; 219-248쪽.

29  조진태, 「시로 읽는 5월의 절대공동체」, 『오월의 감정학』, 문학들, 2022, 21쪽, 169쪽.

## 4. 평범한 삶, 숭고한 역사

### # "일하는 동안에는 아무도 신원을 묻지 않는 것이 불문율이었다."

오월 여성들은 대부분 시민군, 투사, 혁명가, 열사라는 이름으로 불리지 않았다. 그녀들은 "여공", "여자 직공들", "여인네", "소녀", "여학생", "여고생", "여대생", "아줌마", "부녀자", "간호원", "황금동 술집 접대부", "양동시장 아줌마" 등으로 호칭되었다. 빈민, 넝마주이, 부랑아, 행려병자, 방직공장 노동자들 중에도 다수의 여성들이 포함되어 있었다.

고정희의 글 「광주민중항쟁과 여성의 역할/광주 여성들, 이렇게 싸웠다」 (1988.5)에서는 항쟁 당시 여성들의 활동이 어떻게 전개되었는지를 시간의 흐름에 따라 상세하게 기록하고 있다. 또한 오월 여성들의 조직적인 활동 양상과 함께 수많은 여성들이 기록되지 않았던 이유를 짐작하게 해준다.

다시 병원 앞에는 시위 대열에 적극 가담하지 못한 가정주부, 어머니, 젊은 여성들이 헌혈을 하러 몰려들었고 적십자병원 앞에는 황금동 술집 접대부들이 단체로 몰려와 헌혈 순서를 기다렸다. 오후 2시쯤에는 나주 방면으로 나간 7대의 버스에 방직공장 여성근로자들이 가득 편승하여 시위대에 합류했다. 누가 누구랄 것도 없이 모든 여성들은 신원을 묻지 않고 각자 처한 처소에서 자신들이 할 일을 찾아 활약했다. (⋯) / 도청앞 맞은편 상무관에는 신원이 확인된 시체들이 질서정연하게 태극기와 무명천에 덮여 진열되었고 입구에 분향대가 마련되었는데, 주로 황금동 술집 접대부로 알려진 여성들이 자진해서 이들 참혹하게 죽은 시체들을 씻기고 양말을 신기고 염하는 일을 도왔으며 민주영령을 위로하는 분향

대를 지켰다[30]

고정희의 글에서 특히 눈여겨볼 부분은 여성들이 신원을 밝히지 않고 다양한 활동을 조직하고 참여했다는 사실이다. 여성들의 활동이 기록되지 않은 이유 중의 하나는 "일하는 동안에는 아무도 신원을 묻지 않는 것이 불문율이었다."라는 문장에서 찾을 수 있다. 시민군의 저항적인 투쟁을 중심으로 역사를 기술하는 관점에서는 그늘진 곳에서 신원을 밝히지 않은 채로 활동한 다수의 여성들을 담아내는 데에 한계가 있었을 것이다. 다수의 사람들은 그렇게 기록 바깥에 소리 없이 묻혔던 것이다.[31]

『광주 여성-그녀들의 가슴에 묻어 둔 5·18 이야기』(2012)는 항쟁의 기록에서 누락 혹은 삭제된 "평범한" 이야기들에 주목하였다. 이 증언집은 항쟁에 주체적으로 참여했음에도 주목받지 못한 여성들의 이야기, 시위 현장 주변에서 항쟁을 지지하고 시민군과 이웃에게 사랑을 나누었던 여성들의 몸짓을 포착하려 했다.

구술작업에 참여한 사람들은 "일상에서 정치나 이념이나 정의를 자신의 것이라고 느끼지 못한 평범한 여성들이 함께한 역사"[32]를 "일상 속에서 5·18을 함께했던 구술자들의 입을 통해서 보니 5·18에 한결 가까이 다가간

---

30  고정희, 「광주민중항쟁과 여성의 역할/광주 여성들, 이렇게 싸웠다」(『월간중앙』 1988.5.), 『자료총서』 14권, 1998, 412-414쪽.
31  고정희의 글을 비롯해 오월 여성의 참여 활동 양상은 다음의 글에서 다룬 바 있다. 한순미, 「오월 여성 데칼코마니 : 대신에/동시에 말하기」, 『상허학보』 63, 상허학회. 2021.10.
32  박영숙, 『광주 여성-그녀들의 가슴에 묻어 둔 5·18 이야기』(광주전남여성단체연합 기획), 후마니타스, 2012, 21쪽.

느낌"[33]이 들었다고 회고했다. 한편 그런 작업을 수행하는 과정에서 적지 않은 고민이 있었는데 가령 "그것에 훈련되지 않은, 정말 평범한 시민이었던 사람들은 어떤 방식으로 자신의 기억을 재현해 낼까?"[34]라는 의문이 제기되었다. 즉 평범한 시민들이 자신의 언어로 이야기하고 재현할 수 있는가라는 문제와 직면한 것이다.

『구술생애사를 통해 본 5·18의 기억과 역사 9-송백회 편』(2019)은 1978년부터 1982년까지 송백회에 가입해 활동했던 여성들의 경험과 활동을 구술로 엮은 증언집이다. 이 책은 송백회라는 여성 조직이 "대중조직"으로 확장되는 과정, 여성들이 항쟁과 실천적으로 결합하는 방식을 보여준다. 홍희윤은 「발간사」를 빌려 '5·18민중항쟁'을 "자신의 삶을 민주화운동에 헌신했던 운동가들과 시민군들의 도덕적인 저항이 합해졌던"[35] 역사적 사건으로 표현하였다. 다음에서 보듯이 송백회구술사료집 발간위원회가 작성한 「서문」에는 송백회가 결성될 당시부터 지속적으로 전개한 활동을 요약하고 있다.

첫 사업으로 털양말을 짜서 양심수들에게 전달하다 : 송백회는 감옥에 갇힌 양심수들에게 털양말을 짜서 보내기로 하고 회원들이 털양말을 짜면 구속자 명단을 놓고 교도소별로 분배를 해서 영치물로 보냈다. 영치금을 넣어주기도 하고, 책을 보내기도 했다. 가끔 구속자 가족들과

---

33  황정아, 『광주 여성-그녀들의 가슴에 묻어 둔 5·18 이야기』, 앞의 책, 25쪽.
34  정경운, 「1차 좌담」, 『광주 여성-그녀들의 가슴에 묻어 둔 5·18 이야기』, 앞의 책.
35  홍희윤, 「발간사」, 『구술생애사를 통해 본 5·18의 기억과 역사 9-송백회 편』(5·18기념재단 편), 심미안, 2019.

함께 면회를 가기도 했다. 이렇게 구속자 지원을 하면서 회원을 확대해 나갔다. (…) 1982년 이후의 활동 : (…) 1989년 이철규 열사 사인규명진 상투쟁, 1995년 튼튼어린이집 지원, 실업자대책위원회 지원, 2000년 김 남주 시비 건립 기금마련 등을 마련하면서 때로는 다른 단체와 연대하 기도 하였다.[36]

송백회 회원들의 활동은 항쟁 이전에 발아되어 항쟁 이후에도 연속성을 지녔다는 점에서 주목된다. 오월공동체의 정신은 기관 단체와 연합해 일상 으로 깊게 스며들었다. 송백회 회원들은 "민청학련 사건으로 감옥에 들어 가 있을 때 제가 양말을 짜서 오빠(윤한봉)한테 (…) 넣어주는 일부터 시 작"[37]하여 "옥바라지, 구속자 가족 돕기, 또 농촌운동하는 여성들하고도 연대"[38]하는 등 활동의 영역을 넓혔다. "동네 아주머니들이 조를 짜서 수건 을 모아 가지고 시민군들에게 보내고 양말을 모아 가지고 보내고 하는 미담들"[39]이 모여서, 일상이 곧 역사가 되는 순간들이었다.

오월에서 비롯된, 역사란 무엇인가. 송백회 회원들은 그날을 이렇게 떠 올렸다. 오월은 "자유와 정의를 위한, 광주시민의 목숨을 건 희생, 숭고한 항쟁"[40]이었다. "무지렁이", "노동자", "룸펜" 등이 일군 역사의 물결은 "지

---

36  송백회구술사료집 발간위원회, 「서문」, 『구술생애사를 통해 본 5·18의 기억과 역사 9-송백회 편』, 앞의 책, 20-31쪽.
37  윤경자, 「누군가 비 맞을 때 씌워주는 우산 같은 사람이 되고 싶었어요」, 『구술생애사 를 통해 본 5·18의 기억과 역사 9-송백회 편』, 앞의 책, 275쪽.
38  노영숙, 「5월 항쟁 속에서 송백회 활동이 자리매김 되었으면」, 『구술생애사를 통해 본 5·18의 기억과 역사 9-송백회 편』, 앞의 책, 180쪽.
39  정현애, 제145회 국회 「5·18광주민주화운동 진상조사특별위원회 회의록」제30호(대 한민국국회사무처, 1989.2.24.), 『자료총서』 5권, 1997, 362-363쪽.

식의 세계"라든가 삶의 "가치 기준" 자체를 흔들었다.[41] "우리는 빛나지 않았지만 그들을 빛나게 했다!"[42]는 것, "몰라서, 티내지 않아 지나갔거나, 나타나지 않은 감추어진 것도 역사"[43]라는 인식을 보여준 사건으로 기억했다.

그러나 "아무리 영혼 속에 마음 속에 있어도 그것은 언어화되지 않으면 안 되는 거 아닙니까?"[44]라고 반문하듯이 트라우마는 그날의 기억을 적절하게 표현할 수 있는 언어를 가질 수 없게 했다. 글을 쓰고 인터뷰를 하는 것도 "취조당하는 것 같"고 "조서작성을 해 본 경험"이 있기에 거부하고 싶었다.[45] 오월의 트라우마는 말과 글을 사용해 그 무수한 이야기들을 어떤 방식으로 기억하고 재구성할 수 있을 것인지를 되묻는 힘으로 자리했다.

광주여성가족재단 심포지움 「5·18과 여성-5·18 민주화운동 40주년 이후 방향 모색」(2019.11.27.)을 비롯해 광주전남여성단체연합과 518기념재단이 발간한 『오월을 잇는 광주여성단체 활동사』(2020)에서는 송백회, 민주화운동구속자가족협의회(광주·전남지부), 오월어머니집, 오월민주여성회,

---

**40** 정유아, 「5·18 기간 하루도 빼지 않고 YWCA 문 열고 출근했습니다」, 『구술생애사를 통해 본 5·18의 기억과 역사 9-송백회 편』, 앞의 책, 411쪽.

**41** 홍희윤, 「나 자신도 송백회를 통해 엄청나게 자주적으로 변한 것 같아요」, 『구술생애사를 통해 본 5·18의 기억과 역사 9-송백회 편』, 앞의 책, 60쪽.

**42** 김은경, 「송백회는 70년대를 응축하는 핵을 품고 있는 단체였어요」, 『구술생애사를 통해 본 5·18의 기억과 역사 9-송백회 편』, 앞의 책, 131-132쪽.

**43** 선소녀(선점숙), 「5·18은 광주시민 모두가 주인공이죠」, 『구술생애사를 통해 본 5·18의 기억과 역사 9-송백회 편』, 앞의 책, 271쪽.

**44** 이윤정, 「지구상의 어떤 언어로도 참담했던 광주항쟁의 경험을 설명할 수 없어요」, 『구술생애사를 통해 본 5·18의 기억과 역사 9-송백회 편』, 앞의 책, 329쪽.

**45** 임영희, 「송백회 역사를 기록하는 것은 나의 의무」, 『구술생애사를 통해 본 5·18의 기억과 역사 9-송백회 편』, 앞의 책, 337-338쪽.

광주전남여성회와 5월여성연구회 등 항쟁 중심의 역사에서 드러나지 않았던 여성들의 조직 구성과 활동의 전개 및 양상을 기록했다.[46] "전남방직과 일신방직 공장", "황금동과 구시청 뒷골목" 사이사이에 얽힌 다양한 이야기를 수집해 "기층여성들"을 포괄한 구술생애사 작업이 지속되길 기대한다. 이를 바탕으로 실증적인 자료 중심의 역사 기술에서 벗어나, 몸과 감각으로 포착한 오월 여성들의 역사를 더욱 풍부하게 그려볼 수 있었으면 한다.

### # "이름 없는 자들의 희생 위에 우리 광주의 역사가 꽃을 피운 거제."

윤청자(오월민주여성회 대표)의 글 「주먹밥 공동체와 여성의 역할」[47]은 요약된 말들 사이로 여백이 느껴진다. 그곳에는 말이 되지 못하고 사라져버린 기억들, 차마 말로 담아내기엔 말이 너무 작아서 차라리 말을 버리고 싶었을 때, 글로 쓰기엔 글자들이 마땅치 않아서 온전히 기억으로만 남겨두고 싶었던 순간들이 전해진다.

혁명가, 운동가, 열사라는 이름으로 불린 사람들은 그렇게 불리길 스스로 원하지 않았고 처음부터 그러기 위해 태어나지도 않았다. 주어진 시대의 물결을 거슬러 올라가려 했던 사람들은 언제나 그 시대 속에 있으면서 바깥으로 내몰린 "이방인"과 같은 존재였을 것이다. 그래서인지 윤청자의

---

46   광주전남여성단체연합/518기념재단, 『오월을 잇는 광주여성단체 활동사』, 심미안, 2020.

47   윤청자(오월민주여성회 대표), 「주먹밥 공동체와 여성의 역할」, 5·18민주화운동 제42주년 기념 학술대회 『오월 공동체, 기억과 공감의 기록』, 5·18민주화운동기록관, 2022.5.12.

구술을 읽는 동안에는 어떤 사람에게 혁명이란 아마도 구름 사이로 따뜻한 봄햇살이 비내리듯이 우연의 연속으로 전개되는 것은 아닐까,라는 생각이 들었다. 그녀의 구술을 읽는 동안 뭔가 쓸쓸하고 외로운 것이 전해졌다. 그런 한편 고통의 흔적을 건조한 문장으로 세척한 것 같은 말끔한 느낌이 들기도 했다.

> 우리는 냄새(피 냄새, 땀 냄새, 시체 냄새)가 펄펄 나도 밥을 해야 하는 거야. (…) 소위 지식인이라는 사람들은 즈그 새끼들은 전부 끄집어내 가고, 넝마주의가 다 죽었네 어쨌네 하는데, 사회에서 한 번도 알아준 적 없던 이름 없는 자들의 희생 위에 우리 광주의 역사가 꽃을 피운 거제.[48]

> 78년에 로케트전기(이하 '회사')에 입사해서 노조에 가입하게 된 나는 개인의 삶은 물론이고 역사의 흐름을 온몸으로 겪어낸 노동자였으며 당시 여성인 내가 겪어야 했던 사회적 혼란을 개인으로서가 아닌 노동운동가로서의 삶을 서술하고자 한다.[49]

죽음의 순간이 임박한 상황에서도 "냄새(피 냄새, 땀 냄새, 시체 냄새)가 펄펄 나도 밥을 해야 하는" 것, "아무튼 닥치는 대로 일을 한"다는 것, 오월의 역사가 "넝마주이"와 같은 "이름 없는 자들의 희생"에서 "꽃을 피운" 것이라는 문장은 깊은 울림을 준다.

---

48  윤청자, 『광주, 여성-그녀들의 가슴에 묻어 둔 5·18 이야기』, 앞의 글, 116-117쪽.
49  윤청자(오월민주여성회 대표), 「주먹밥 공동체와 여성의 역할」, 앞의 글.

독재 정권 아래 "여성/노동자/운동가"로서 산다는 것은 "지식인이라는 사람들"과는 다른 위치에 있었던 사람들, 즉 "이름 없는 자들"과 크게 다르지 않은 삶이었을 터이다. 그녀는 그때 그 시절을 떠올리면서 "노동 쪽 얘기에서 5·18시민 투쟁으로" 이어지는 일들을 요약적으로 이야기한다. 축약된 문장 사이에서, "로케트전기 투쟁은 호소문을 배포함으로써 광주시민과 세상에 알려지게 되었"고 "노조에서 회사 측에 요구한 12가지 요구안이 모두 관철되는 성과를" 획득하는 등 시민들의 공감과 연대를 기반으로 한 공동체가 형성된 여정을 짐작해 볼 수 있다.

또한 오월공동체가 실현되기 위해서 노동운동의 흐름과 여성 노동자의 역할을 주목한다. 전태일의 죽음을 계기로 알려진 노동 현장은 "가톨릭 농민회와 노동청년회가 연대 일사체가 된 계기"가 되었다는 것은 종교단체와 노동자 그룹이 결합한 지점을 보여준다. "80년대까지 노동자의 90% 이상이 여성이었"다는 것은 오월 항쟁의 참여 주체에 대해 젠더적 분석이 필요하다는 것을 시사한다.

2012년의 구술 증언과 2022년의 발표문은 10여 년의 시간 차이가 있다. 그 시간을 통과하는 동안, 그날은 매순간 다른 모습으로 기억되었을 것이다. 윤청자의 2022년의 구술 증언 중에서 기억에 대해 다음과 같이 언급한 부분은 주목할 만하다. 글의 서두에서 그녀는 "당시 기억을 날짜순으로 서술한다."고 하면서 기억이 곧 사실과 다를 수 있다는 것, 기억의 오류 가능성에 대해 이야기한다. "기억나는 대로 써 내려 간 것이니 기억과 당시 사실이 일치하지 않을 수도 있다."고 하면서 사실에 대한 "검증"은 후세대의 연구과제로 남긴다. 경험적 사실과 기억된 사실 사이의 불일치는 말과 글로 접근할 수 없는 증언의 장소를 현시한다. 말할 수 없는 고통 앞에서 말은 지극히 쓸모없는 도구에 불과한 것인지 모른다. 침묵하거나 거부하는 것도 증언이 될 수 있다.

## # 말할 수 있는/없는 입들 : 증언하지 않는/못한 증언

차마 증언할 수 없어서 증언하지 않는/못한 증언이 있다. "삼십 센티 나무 자가 자궁 끝까지 수십번 후벼들어왔다고 증언할 수 있는가? 소총 개머리판이 자궁 입구를 찢고 짓이겼다고 증언할 수 있는가?"[50] 이것은 그날을 말하지 않으면서 그날과 더불어 그날 이전과 이후를 말하고 있는 증언이다. 한강의 소설 『소년이 온다』(2014) 속 선주의 증언에는 오월 이전부터 준비된 국가권력의 각본에 의해 희생된 몸, 그날 이후 몸 전체가 겪어야 했던 총체적인 위기 상황에 대한 상세한 보고가 담겨 있다.

저 여자의 증언은 공식적인 역사 기록에서 보고 듣지 못했던 몸의 증언이다. "더러운 빨갱이년"으로 불렸던 기억이 한 사람의 몸과 마음을 어떻게 서서히 훼손시켜 왔는지를 말하지 않고서는, 그날을 증언했다고 말할 수 없는 것이다. 한 사람의 영혼을 파괴한 그 잔인한 일들을 모두 말할 수 없다면 증언을 거부하는 것 자체가 증언이 된다. 증언하는 것을 거부하는 몸짓이 바로 증언이다.[51]

---

50  한강, 장편 『소년이 온다』, 창비, 2014, 166-167쪽.
51  이 부분은 이 글의 전체적인 흐름을 고려해 소식지 칼럼 중의 일부를 옮겨 왔다.(한순미, 「칼럼 : 기록 속에 기록되지 않은/못한 것들에게 : 국가폭력과 여성(들)」, 광주가족여성재단. 2021.1.)

## 5. 되살려내야 할 기록들

1988년부터 2년간에 걸친 조사 사업의 결과물 『광주 5월 민중항쟁 사료
전집』(1990)이 간행되었다. 이 전집은 50여 명의 조사연구원들이 참여해
1500여 명의 구술을 채록한 것이다. 구술 증언 채록의 어려움을 정리한
부분은 오월의 기억을 말과 글로 담아낸다는 것이 얼마나 힘겨운 작업일
수밖에 없는지를 말해준다.

> 구술이 지니고 있는 근본적인 약점은 자서전이 지니고 있는 약점과
> 마찬가지로 자기 행위에 대한 과장, 축소, 은폐 등이다. 이런 약점을 보완
> 하기 위해서 되도록 많은 사람을 대상으로 했고 뻔한 내용을 반복해서
> 기록한 경우도 많으며 일반적인 사실과 상치되는 내용도 더러는 그대로
> 기록했다. 증언자의 선정에도 중립적인 입장을 취했으나 중요한 역할을
> 한 사람 가운데서 구술을 기피하는 사람도 있었다. 사망자, 행불자 등 본인
> 의 구술을 들을 수 없는 경우는 가족의 진술에 의존할 수밖에 없었다.[52]

위의 인용문에서는 구술 증언 작업이 어떻게 진행되었으며 구술 채록
과정에서 어떤 문제에 직면했는지를 읽을 수 있다. 구술과 자서전이 지닌
한계는 당사자가 자신의 상처를 이야기하는 과정에서 "자기 행위에 대한
과장, 축소, 은폐 등"을 보이는데 이로 인해 "사실"과 다른 기억을 담아낼
수 있다는 것이다. 또한 상처를 "반복"해서 말하거나 구술을 "기피"하는

---

52 「광주5월 민중항쟁 사료전집-광주항쟁 500인 피의 증언」(1990.5.15), 『자료총서』 19
권, 1999, 149-151쪽.

경우도 있다. 이러한 증상들은 구술한다는 것 자체가 트라우마를 다시 겪는 것과 다르지 않다는 것을 말해준다.

1993년 무렵 잡지에 실린 기사에 따르면 대부분의 사람들은 "학살의 주범", "가해자", "용서해야 할 대상을 찾는 것"이 진상규명보다 더 선결할 과제라고 생각했던 것으로 보인다.[53] "책임자 처벌"까지는 기대할 수 없다고 해도 "진상규명"을 하려면 '가해자의 얼굴'을 구체적으로 확인해야 한다는 요구가 절실했던 것이다. 가해자를 찾아내는 것이 선결 과제라고 생각한 것은 용서의 대상을 찾아야만 진상규명과 화해가 이루어질 수 있다고 여겼기 때문이다.

하지만 "5·18항쟁의 가장 큰 특징은 '피해자는 많지만 가해자는 없다'는 것이다. 누가 1980년 5월, 군인들에게 총과 칼, 곤봉 등을 쥐여주고 폭행과 발포를 사주했는지 불분명하다. (…) 당연히 있어야 할 자료들이 사라지거나 조작됐다."[54] 요컨대 가해자를 확인할 수 없고 남겨진 자료들이 "사라지거나 조작"된 것이 적지 않다면 진실을 규명하는 작업은 어려운 일일 수밖에 없다. 디지털화해서 보존 관리하고 있는 아카이브 기록들은 자료들을 선별해 독해하는 사람의 관점에 따라 다른 기억들을 생성한다. 남겨진 기

---

**53** "광주민중항쟁연합 鄭東年의장은 "화해를 한다 해도 무고한 시민을 학살한 주범이 누구인지 밝혀진 뒤에 용서하는 것이 순서"라고 말했다./ 5·18당시 시민수습위원회에 참여했다가 5년형을 선고받은 바 있는 전남대 宋基淑교수(국문학)도 "진상규명은 용서의 대상을 찾자는 것"이라면 "책임자 처벌까지는 바라지 않는다"고 했다./ 한편 취재기간 동안 만난 시민들 중에는 진상규명은 바라지만 기대할 수 없다고 말하는 경우가 대부분이었다."(辛貞錄(주간부기자),「현지 르포 : "죽은 자와 산 자의 아픔 함께 해결을」(『週刊朝鮮』 1993.5.20.),『자료총서』 19권, 1999, 555쪽; 553-556쪽.)

**54** 노영기,「다시 5·18을 묻는다」,『창작과비평』 48(1), 창작과비평사, 2020년 3월호, 391쪽; 379-392쪽.

록에서 기록의 피부에 드러나지 않는 것들을 상상하면서 진실과 거짓을 가려내는 작업은 지속해야 할 과제다.

우리에게 남겨진 과제는 항쟁의 순간을 잊지 않고 기억하는 것이며 오랫동안 누구에게도 말할 수 없었던 고통의 세월을 증언하는 일이다. 이야기하는 것은 국가폭력의 기억이 화려한 물결 속으로 사라지는 것을 늦추게하는 방법 중의 하나이다. 아울러 '기억하라'라는 말을 삶의 동력으로 견인하는 것. 그럴 때 오월을 기억한다는 것은 당연히 그래야 한다는 요청을 넘어, 폭력의 위협을 감지하는 순간과 마주해 새로운 저항의 힘으로 전환될 수 있을 것이다.

오랜 시간이 흐른 후에도 그날의 기억을 쓰지 않을 수 없게 만든 힘은 무엇이었을까. 외국인 선교사 폴 코트라이트의 글에서 한 단락을 인용해본다.

　당시의 내 노트, 편지, 사진 등 자료들을 꺼내 이 책을 쓰기까지 40년이 걸린 이유는 무엇일까? (⋯)/ 내가 이 회고록을 집필하게 된 동기는 두 가지다./ 첫째, 이 회고록을 통해서 서구인, 특히 미국인들이 이 사건에 관심을 갖기를 원했다. 미국인들 중에서 이 사건을 알고 있는 사람들은 거의 없다. 광주항쟁 기간 중 워싱턴 주의 헬레네 화산이 폭발해 광주소식이 미국 언론에 거의 소개되지 않았던 것도 그 이유 중의 하나이다. 둘째로, 내게는 아직까지 제대로 해소되지 못한 심리적 문제가 있었다. 이 문제는 회고록 집필 작업을 통해 대처하는 수밖에 없다는 사실을 깨닫게 되었다. 2020년이 5·18의 40주년이라는 것이 나에게 또 다른 자극이 되었다.[55]

폴 코트라이트가 5·18 회고록 집필 작업을 시작하게 된 계기는 복합적이다. 그는 저 먼 이국에서 일어난 오월 항쟁을 알지 못한 사람들에게 그 사건을 잊지 않도록 환기하려는 의도에서 글을 쓰기 시작했다고 했다. 한국의 광주라는 도시에서 일어난 5·18이라는 사건이 미국 헬레네 화산 폭발로 묻혀버렸기에 5·18에 대해 알고 있는 미국 사람들은 드물었기 때문이다. 자연재해가 저 먼 이국에서 일어난 역사적 재난에 대한 관심을 차단해버린 것이다. 시간이 지나가도 이방인으로서 경험한 오월은 "아직까지 제대로 해소되지 못한 심리적 문제"로 자리해 있었다.[56]

오월 광주의 기억이 낡은 유물이 되지 않도록 일상에서 기억과 이야기를 이어가는 실천적 연대가 필요한 시기다. 바깥에서 구원의 손길이 와닿길 애타게 기다렸던 사람들의 마음을 상기하는 것은 시공간의 거리를 넘어서 연대를 시작할 수 있는 밑자리로 삼을 만하다. 알다시피 오월 광주에서 보여준 공동체의 형상은 여러 이름으로 명명되었다. 오월 광주를 어떤 이름의 공동체로 호명하든 상관없이 중요한 것은 새로운 만남의 형식을 경험했다는 점일 것이다. 다시 말해 "항쟁의 커뮤니타스 안에서는 동료 인간에 대한 전적인 신뢰, 애정, 유대감에 기초한 인격적이고도 전인적인 만남이

---

55  폴 코트라이트 회고록, 최용주 옮김, 「에필로그」, 『5·18 푸른눈의 증인』, Hollym, 2020, 181쪽.

56  여기에서 폴 코트라이트가 언급한 '심리적인 문제'는 그가 만난 한국인 할머니의 절박한 요청과 관련이 있다. 즉 미국인인 당신이 한국인을 대신해 오월의 아픔을 증언해 달라는 할머니의 요구가 회고록을 집필하게 한 주요한 동기 중의 하나였던 것이다. 이에 관해서는 다음 논문의 마지막 장에서 간략하게 다룬 바 있다. 한순미, 「오월 여성 데칼코마니 : 대신에/동시에 말하기」, 『상허학보』 63, 상허학회, 2021, 509-549쪽.

성사되었다."[57]고 할 수 있다.

항쟁과 혁명의 기억/기록에서 사라진 것들은 침묵의 장소에 여전히 갇혀 있다. 의도적으로 묻어버린 진실, 의도치 않게 묻힌 기억을 발굴하는 작업은 곧 상처 치유를 향한 여정과 다름없다. 끊임없이 이야기하려는 욕구, 무언가 쓰지 않으면 안 될 것 같다는 자각, 무엇인가를 기억하고 이야기하고 쓰고자 하는 행위는 트라우마를 공유함으로써 "치유공동체"를 구축한다. 치유공동체로 나아가기 위해서는 "상처입은 치유자"가 되어 기억의 서사를 함께 만들어가는 작업[58]은 더없이 중요하다.

## 6. "쓸쓸한 밤눈들"

기록 속에 기록되지 않은/못한 것들은, 기억 속에 새겨져 있다. 말할 나위도 없이, 기록된 것들이 기록의 전부는 아니다. 기록에 남겨진 것은 기록 속에 남겨지지 않거나/못한 것들을 제외한 나머지이다. 구술을 기피하면서 말하지 않으려고 하는 사람들, 말을 잃은 이들의 시선에 사로잡힌 사물, 이미지, 장소 등 그 모든 것들이 입과 눈, 마음을 대신해 말할 수

---

57  "사람들은 서로가 서로에게, 빅터 터너가 말한 '총체적 인간(total person)'이 되었다. 조정환은 광주 커뮤니타스를 '전인(全人), 초인(超人)들의 공동체'로 간주했다."(강인철, 「5장. 항쟁-재난의 커뮤니타스」, 『5·18 광주 커뮤니타스 : 항쟁, 공동체 그리고 사회드라마』, 사람의무늬, 2020, 143쪽.)

58  "5·18 증언자들 각자가 '상처입은 치유자'가 되어 자신의 트라우마에 대한 기억의 내러티브를 거듭 새롭게 재구성할 수 있도록 우리 각자가 치유공동체의 이웃이 되어 5 18을 '기록하고 말하며 기념'해가야 할 것이다."(노성숙, 「5·18 트라우마와 치유 : 개인과 사회공동체의 변증법에 대한 비판적 성찰」, 『신학전망』 194호, 광주가톨릭대학교 신학연구소, 2016, 246-249쪽.)

있는 증언자들이다. 기억 수집의 대상과 범위는 확장되어야 한다.

시체를 찾아 헤매던 거리 위에 펼쳐진 풍경들, 사건을 증언하는 자리에서 길게 이어지는 수다들, 쓸모없이 반복되는 말들, 기록되기 이전의 창백한 얼굴들, 가장 외로웠던 순간에 가장 의로웠던 얼굴들이 머물 수 있는 공간을 마련하려면 기록 작업은 더 섬세하게 이루어질 필요가 있다. 무질서하게 흩어진 모든 것들은 사건의 진실을 찾아가는 작업을 방해하는 것이 아니라 그동안 살피지 않았던 역사의 후미진 길목을 비추는 파편들이다. 오월 기록이 과거에 일어난 일들을 축적한 자료들의 더미가 아니라 이후의 시간을 설계하기 위한 밑그림이자 새로운 기억을 꺼내는 장소가 되었으면 한다.

연약한 몸들이 만들어낸 항쟁의 그 두렵고 무서운 시간을 건너왔다고 해도 불씨들을 맞대고 지폈던 상처의 기억은 시간이 갈수록 선명하게 감지된다. 오월의 기억에 대해서 '치유'라는 단어는 결코 치유될 수 없는 트라우마를 포함한 뜻으로만 사용할 수 있다.

기록 속에 기록되지 않은/못한 것들은 눈앞에서 사라진 것 같지만 그날을 잊지 못하는 사람들의 기억에서는 영원한 시간을 살아간다. 얼룩진 상처 자국은 그날의 기억을 반복해서 상기시키면서 다른 시공간의 기억들을 연결하는 힘이 된다. 바람에 휘날리는 "쓸쓸한 밤눈들"처럼 그날 이후 적절하게 닿을 곳을 찾지 못해 흩어진 말들, 여기저기 외롭게 떠도는 말들은 모든 것들에게 고통을 전염한다.

오월 광주에서 시작된 말들은, 하늘에서 지상으로 향했으나 아직 땅에 내려앉지 못한 그 사이의 시간에서 여전히 살고 있다. 죽음조차도 "접근"할 수 없는 그곳에 아물지 않은 상처가 웅크리고 있는 것이다. "그러나 나는 그처럼 쓸쓸한 밤눈들이 언젠가는 지상에 내려앉을 것임을 안다. 바람이 그치고 쩡쩡 얼었던 사나운 밤이 물러가면 눈은 또 다른 세상 위에 눈물이 되어 스밀 것임을 나는 믿는다. 그때까지 어떠한 죽음도 눈에게 접근하지 못할 것이다."[59]

　—오월, 당신의 기억은 밤눈처럼 시리고 빛난다. 아무것도 당신의 기억을 사라지게 하지 못할 것이다, 죽음조차도.

---

59　기형도, 「시작 메모·기타」, 『기형도 전집』, 문학과지성사, 1999, 333쪽.

# 참고문헌

## 1. 기본 자료

1) 광주광역시 5·18사료 편찬위원회, 5·18광주민주화운동자료총서(이하 『자료총서』), 5·18 광주민주화운동기록관

제145회 국회 「5·18광주민주화운동 진상조사특별위원회 회의록」 제30호(대한민국국 회사무처, 1989.2.24), 『자료총서』 5권, 1997.

「광주5월 민중항쟁 사료전집-광주항쟁 500인 피의 증언」 (1990.5.15), 『자료총서』 19 권, 1999.

「민심순화협의회 구성(안)」 (1980.5.29.), 『자료총서』 20권, 1999.

「당면주요사업(동) 『명예동장이 직접주지』」, 『자료총서』 21권, 2000.

「동별 당면 중요 업무 확인지도」 (1980.6.12), 『자료총서』 21권, 2000.

「민심동향 및 기타」, 『자료총서』 21권, 2000.

「복명서(復命書)」, 『자료총서』 21권, 2000.

「5·18광주사태에 따른 환자치료 철저(광주시의사회, 1980.6.14)」, 『자료총서』 23권, 2000.

「광주기독병원 피해보상 청구서」 (1980.12.5), 『자료총서』 23권, 2000.

「광주기독병원 진료카드」 (박금희, 1980.5.21), 『자료총서』 24권, 2000.

「기독병원진료카드 (일부) 분석」 (총72명), 『자료총서』 24권, 2000.


고정희, 「광주민중항쟁과 여성의 역할/광주 여성들, 이렇게 싸웠다」 (『월간중앙』 1988.5), 『자료총서』 14권, 1998, 412-414쪽.

김준태, 「'광주항쟁' 현장일기」 (『월간중앙』 1988.5), 『자료총서』 14권, 1998, 213-220 쪽.

김춘수(5·18유가족회 회원/이봉환 기록), 「수기특집 '광주 그날의 유산' : '착한 자식 죽은 것도 서러운디'」 (『월간경향』 1988.4), 『자료총서』 12권, 1998, 11-24쪽.

송광룡 글/이종국 사진, 「이 사람 소설가 임철우 : 1980년 봄날과 1998년 봄날」(『금호문화』 1998.5), 『자료총서』 16권, 1999, 134-143쪽.

송광룡, 「문학기행 : 망월동에서의 하루, 혹은 16년」(『금호문화』 1996.5), 『자료총서』 16권, 1999, 120-127쪽.

辛貞錄(주간부기자), 「현지 르포 : "죽은 자와 산 자의 아픔 함께 해결을"」(『週刊朝鮮』 1993.5.20), 『자료총서』 19권, 1999, 553-556쪽.

이준수(기자), 「노동자는 항쟁에 어떻게 참여했나」(『월간노동자』 1989.5), 『자료총서』 14권, 1998, 239-240쪽.

2) 학술행사 자료집 및 구술증언집

5·18 40주년 기념 심포지엄 『국가폭력과 여성(들)』, 광주가족여성재단, 2020.5.29.

5·18 40주년 기념 학술대회 『무한텍스트로서의 5·18』, 5·18기념재단, 2020.11.6.

5·18 기록물 유네스코 세계기록유산 등재 10주년 기념 제19차 광주정신포럼 『80년 5월 두 공간의 기억과 구술 : 구 도청과 광주기독병원을 중심으로』, 5·18민주화운동기록관, 2021.5.27.

5·18 41주년 학술대회 『5·18과 전남도청』, 518기념재단, 2021.11.12.

5·18민주화운동 제42주년 기념 학술대회 『오월 공동체, 기억과 공감의 기록』, 5·18민주화운동기록관, 2022.5.12.

광주전남여성단체연합 기획, 『광주 여성-그녀들의 가슴에 묻어 둔 5·18 이야기』, 후마니타스, 2012.

5·18, 10일간의 야전병원 발간위원회, 『5·18 10일간의 야전병원』(전남대학교병원 5·18민주화운동 의료활동집), 전남대학교병원, 2017/2020,

5·18기념재단 편, 『구술생애사를 통해 본 5·18의 기억과 역사 9-송백회 편』, 심미안, 2019.

5·18기념재단 편, 『구술생애사를 통해 본 5·18의 기억과 역사 10-간호사 편』, 심미안, 2020.

광주전남여성단체연합/5·18기념재단, 『오월을 잇는 광주여성단체 활동사』, 심미안, 2020.

## 2. 문학작품

기형도, 「밤눈」, 『기형도 전집』, 문학과지성사, 1999.

기형도, 「시작 메모·기타」, 『기형도 전집』, 문학과지성사, 1999.

임철우, 『봄날』 2권, 문학과지성사, 1997/2005.

한강, 『소년이 온다』, 창비, 2014.

제임스 리, 『5월 18일 그날의 황금동 여인들-황금동 콜박스, 황금동 여인들』, 시커뮤니
　　　케이션, 2022.

## 3. 논문과 저서

강인철, 『5·18 광주 커뮤니타스 : 항쟁, 공동체 그리고 사회드라마』, 사람의무늬, 2020.

노성숙, 「5·18 트라우마와 치유 : 개인과 사회공동체의 변증법에 대한 비판적 성찰」,
　　　『신학전망』 194, 광주가톨릭대학교 신학연구소, 2016, 207-254쪽.

노영기, 「5·18항쟁 기록물의 생성과 유통」, 『역사와 현실』 104, 한국역사연구회, 2017,
　　　125-158쪽.

노영기, 「다시 5·18을 묻는다」, 『창작과비평』 48(1), 창작과비평사, 2020년 3월호,
　　　379-392쪽.

조진태, 『오월의 감정학』, 문학들, 2022.

한순미, 「칼럼 : 기록 속에 기록되지 않은/못한 것들에게 : 국가폭력과 여성(들)」, 광주
　　　가족여성재단. 2021.

한순미, 「오월 여성 데칼코마니 : 대신에/동시에 말하기」, 『상허학보』 63, 상허학회,
　　　2021, 509-549쪽.

한순미, 「치유 의례로서의 접속 ─ 트라우마의 감각적 재현」, 『인문학연구』 64, 조선대
　　　학교 인문학연구원, 2022, 219-248쪽.

# 임철우 『봄날』에 나타난
# 5월 공수부대 폭력의 감정적 원리 연구

김주선

(조선대학교 인문학연구원 HK연구교수)

# 1. 들어가며

본고는 임철우의 『봄날』을 통해 5·18 당시 공수부대의 폭력이 갖는 감정적 동인을 집중적으로 탐구하고자 한다. 5·18을 심화해 이해하기 위해서는 시민의 저항만큼이나 공수부대의 폭력성을 이해하는 게 중요하다. 그들의 비인간적 행태를 단순히 명령 이행의 결과로 치부하는 것은 표피적 사유다. 극단적 폭력이나 야만적 폭력 등의 명명은 수사로서의 가치만 갖는다. 군인들이 가진 극히 파괴적인 측면을 해명할 수 없다면 앞으로 반복될지도 모를 잔혹한 폭력에 효과적으로 대응하기 어렵다. 한데 이에 대한 문학적 대응은 부족하다. 5·18 당시의 공수부대의 폭력을 구체화해 그린 소설은 임철우의 『봄날』이 유일하다시피 하다. 다른 작품들은 5·18 이후 진압군이 느끼는 죄책감 등의 감정을 다룬다. 가해자에 대한 본격적인 연구 역시 대단히 적다. 정명중은 증오와 적의, 충정훈련에 대한 보상 심리와 남성다움을 언급하고[1], 김주선은 충정훈련이 만들어낸 무차별적인 증오와 분노,

---

1    정명중, 「증오에서 분노로-임철우의 『봄날』 읽기」, 『민주주의와 인권』 제13권 2호, 전남대학교 5·18 연구소, 2013.

심리적 전능감의 폐해를 살폈으며[2] 심영의는 가해자들의 기억과 트라우마, 인권과 존엄성, 악의 평범성 문제를 다루는데,[3] 악의 평범성은 김경민에게서도 중요한 논제다.[4] 주지하다시피 악의 평범성은 조직 내에서 주어진 역할에 순응한 평범한 인간이 저지르는 악행이다. 그는 당대 한국사회의 전체주의적 분위기와 충정훈련이 타인의 입장에서 생각할 수 있는 상상력과 반성적 판단을 부재하게 만들었다고 본다. 악의 평범성은 크고 작은 집단이나 개인이 타인에게 저지르는 끔찍한 폭력이 발생하게 된 이유를 우리의 사고능력 그 자체에서 찾기에 대단히 근본적이다. 가령 우리는 세월호 선장에게서도 악의 평범성을 발견하고 미얀마 사태에서도 악의 평범성을 발견한다. 하지만 범용성이 높은 만큼 사건마다의 특수성이나 구체성을 살피는 데는 한계가 있다. 평범함의 방식도 사건마다 다르겠지만, 결국 무엇이 자동적인 사고의 틀을 만들어냈는지를 밝히는 것에 그칠 수 있기 때문이다. 공수부대의 사냥적 진압의 메커니즘이 잘 밝혀지지 않는 건 여타의 분과 학문에서도 마찬가지다. 공수부대의 폭력을 역사학적 차원에서 연구한 김영택은 공수부대의 폭력이 '어떤 목적을 위한 과잉진압'임을 밝히는 것으로 그치고[5] 노영기는 강경 진압 명령이 시민을 '적'으로 대하게 만들었다고 본다.[6] 정치학의 관점에서 학살을 분석한 곽송연은 보다 구체

---

2 　김주선, 「임철우 『봄날』의 재현 형식에 관한 연구」, 조선대학교 일반대학원, 2017.

3 　심영의, 「5·18 가해자들의 기억과 트라우마」, 『민주주의와 인권』 제17권 1호, 전남대학교 5·18 연구소, 2017.

4 　김경민, 「국가폭력의 가해자를 재현하는 문학의 역할」, 『한국문학이론과 비평』 25권 1호, 한국문학이론과 비평학회, 2021.

5 　김영택, 「신군부의 정권찬탈을 위한 공수부대의 5·18 '과잉진압'연구」 역사학연구 Vol. 34, 호남사학회, 2008.

적으로 폭력의 동기를 분석했다. 그에 따르면 "명령 체계에 따른 복종, 이데올로기 주입 효과, 동료집단의 압력과 집단의 순응성, 이전 제노사이드의 경험 등"[7]이 광주 학살의 원인이다. 본고는 앞선 연구들을 보완하는 관점에서, 특히 충정훈련 상황에서의 상황과 감정을 중시하며 논의를 진행하고자 한다.

5·18 당시 공수부대의 폭력성을 연구하기 위해서는 감정에 대한 고려가 반드시 필요하다. 인간의 행위에 감정이 깃든다는 것은 자명한 사실이거니와 사회의 집단적 사건에는 반드시 이를 추동하고 지탱하는 감정적 관여가 존재한다. 감정은 인간의 행위를 뒷받침하는 일종의 에너지로서 합리적 판단과 실행 능력을 곧바로 지탱한다. 인지과학자 다마지오에 따르면 합리적 이성은 감정이나 느낌 등의 도움 없이 올바로 작동하지 않는다. 그가 관찰한 한 환자는 뇌의 감정 영역이 손상된 뒤 미래에 대한 합리적 기획 능력을 잃어버렸다. 각종 실험적 상황을 통해 그의 사회적 능력이 온건하며 지성 또한 훌륭하다는 것을 증명했음에도 그렇다. 환자는 삶 속에서 직면하는 갖가지 선택 상황에서 목표나 목적과 무관한 사소한 것들에 주의를 집중하는 모습을 보였다. 그는 자신이 달성해야 할 일을 하다가도 갑자기 지엽적인 문제를 붙잡고 몰두하기 일쑤였다. 결국 일은 모두 실패했고 인생까지 엉망으로 변해버리고 말았다. 다마지오의 결론은 다음과 같다.

---

6  노영기, 「5·18항쟁 초기 군부의 대응 - 학생시위의 시민항쟁으로의 전환 배경과 관련하여」, 『한국문화』 No. 62, 서울대학교 규장각한국학연구원, 2013.

7  곽송연, 「정치적 학살 이론의 관점에서 본 가해자의 학살 동기 분석」, 『민주주의와 인권』 제13권 1호, 전남대학교 5·18 연구소, 2013.

그의 "무정함이 그가 다른 선택에 대해 다른 가치를 부여하는 것을 막지 않았을까, 또한 그의 의사결정의 영역을 희망 없는 삭막한 모습으로 만들지 않았나." 이성적 합리성에 바탕을 둔 이론이 감정 과잉이 만들어내는 비합리적, 충동적 모습을 강조해왔다면 거꾸로 "감정의 감소 역시 비합리적 행위의 중요한 근원이 될 수 있다".[8] 특정 사고에 대한 감정의 지속이 행위에 대한 신뢰를 지속시키고 배제의 경계를 명확히 한다. 우리가 어떤 방향성을 갖고 살아갈 수 있는 이유는 감정과 느낌 덕분이다. 그러니 특정한 사건에 연루된 사람들의 감정을 연구한다는 것은 그들 나름의 합리적 선택과 행동을 가능케 한 신뢰의 동력이 무엇인지를 파악하는 것과 같다.

따라서 본고는 5·18을 총체화했다는 평가를 받는 임철우의 『봄날』을 중심으로 5·18 시기 극단적 폭력의 한 정체를 밝혀보고자 한다. 충정훈련 상황이나 진압 작전 시기에 대한 공수부대원의 증언 자료가 극히 적다는 점에서 『봄날』은 연구를 위한 거의 유일한 텍스트다. 소설에는 충정훈련을 받는 공수부대원과 잔혹한 진압을 일삼는 공수부대원의 감정과 심리가 세세히 드러나 있다. 덧붙여 이 분석은 분노나 증오 같은 감정을 나열하는 것을 넘어서 공수부대의 특수한 의식 상태를 드러내는 작업이자, 집단적인 (폭력) 사건을 감정적으로 해석하는 하나의 틀을 제시하는 작업이기도 하다. 공수부대의 행위가 갖는 원리에 대한 규명은 5·18을 다시 이해하고, 언제라도 반복될 수 있는 집단적 폭력에 대한 이론적 대비가 될 것이다.

---

8    안토니오 다마지오, 『데카르트의 오류』, 김 린 옮김, 눈출판그룹, 2017, 78쪽, 102쪽.

## 2. 공수부대 폭력의 감정적 원리

### 1) 상호작용적 의례 이론

공수부대의 잔혹한 폭력이 가능했던 이유는 여럿이지만, 사회화된 인간이라면 누구나 갖고 있을 법한 연민이나 동정심, 죄책감 등이 사라져버린 이유는 아직 완전히 해명되지 않았다. 정확한 것은 하나다. 공수부대는 광주 시민을 인간으로부터 배제했다. 그들에게 시민은 개, 돼지보다 못했다. 사정없이 구타했고 총격이 난무했다. 마치 도덕성이나 인간성이라는 게 아예 없는 듯했다. 한 집단이 다른 집단의 인간을 향해 이토록 비인간적인 사고와 감정을 갖게 되는 이유는 무엇일까. 랜들 콜린스는 집단적 의미 형성의 시작을 집단적 상호작용이 발생하는 상황에서 찾는다.

한 집단이 공유하는 감정과 의식적 초점의 대체적인 방향성은 상황으로부터 시작된다. 집단은 작은 상황들의 의미가 연결되고 확장되어 만들어진 결과물이다. 여기서 개인은 상황을 결정하기보다 상황에 의해 구성되어진다. 사실 개인은 태어날 때부터 이미 특정 상황에 놓인다. 상황은 사람들 간의, 혹은 사람과 사물 사이의 상호작용을 통해 형성되며 이는 언제나 어떤 독특한 삶의 방식과 그에 동반되는 감정을 낳는다. 가령 부모와의 관계, 또래 친구들과의 관계, 유치원이나 학교 등에서 겪는 상호작용적 상황은 개인을 구성한다. 개인은 과거에 겪었던 상호작용적 상황의 담지자이며 새로운 상황을 구성하게 하는 성분이다. 개인은 시간과 상황의 혼합물인 상호작용의 연쇄를 밟아가는 경로가 다른 사람의 경로와 다른 만큼 독특할 수 있다. 그런데 만약 특정 의례가 지배하는 상호작용적 상황 속에 놓여있다면 그 의례가 지향하거나 형성하려는 무언가를 만들어내고 그에 맞는 감정의 종류와 에너지를 갖게 될 가능성이 매우 높다. 의례는 집단의 특정한 법칙과 분위기 속에서 개인에게 현재의 상황을 받아들이길 강요하기 때문이다. 단 의례의 과정이 거시 구조의 단순한 반영이라는 인류학적 주장과는 다르다. 의례는 미시 상황에서부터 이루어지는 주요한 행위 형태다. 예컨대 성스러운 대상은 이미 구성되어 있는 것이 아니다. 의례는 대상을 성스러운 존재로 만드는 행위이기도 하다. 상호작용적 의례 이론은 고정된 전체 문화나 구조처럼 보이는 것이 사실은 미시 상황에서부터 창출되는 규칙과 의미, 감정의 흐름임을 보여준다. 그러니 의례의 범주는 넓다. "동일한 활동에 관심을 집중시키고 서로의 참여를 인식하게 만드는 것이면 그것이 곧 상호작용 의례이다."[9] 고프먼은 질서와 규칙을 찾을 수 있는 모든 대면 상황에서 의례를 발견한다. 의례는 종교적 행위에서부터 존대와 체면 차리기에 이르기까지 매우 다양하게 존재한다.[10]

상호작용 의례가 성공적으로 진행되기 위해서는 반드시 몇 가지 전제가 이루어져야 한다. 첫째, 의례의 발생은 반드시 신체의 공현존으로부터 시작한다. 사람들이 같은 장소를 점유하고 있을 때 몸은 감정의 흐름이나 흥미롭다는 감각, 무언가가 발생하고 있다는 어떤 분위기 등을 먼저 감지한다. 이 미시적인 동조는 극히 짧은 순간에 발생한다. 보통의 사람이 확실하게 반응을 보이는 시간은 자극이 주어진 후 0.4-0.5초쯤이다. 하지만 대

---

9    랜들 콜린스, 『사회적 삶의 에너지』, 진수미 옮김, 한울아카데미, 2009, 166쪽.
10   고프먼이 탐구한 일상적 의례에 관해서는 어빙 고프먼, 『상호작용 의례』, 진수미 옮김, 아카넷, 2020 참조.

화하는 사람을 저속 촬영해 보면 사람들은 저도 모르는 새에 이미 반응을 보인다. 그들은 필름 프레임의 중간쯤(0.042초)에서 동조를 시작한다. 신체적 움직임의 동조는 집합행위로 조직되는 대규모 집단에서 더 쉽게 발견된다. 일반 보행자 집단보다 시위자들의 동조 수준이 더 높다.[11] 몸의 공현존은 집합적 열광이나 집합적 도덕관념, 집합적 의식을 형성하기 위한 근본적 전제다.

둘째, 행위와 인식의 공유 등을 통해 관심의 초점 공유가 이루어져야 한다. 의사소통은 동조된 사람들의 마음을 좀더 분명하게 잇고 그들이 공유하는 하나의 세계와 실재를 창조한다. 대화와 몸짓은 함께 슬퍼하거나 함께 기뻐하거나 동일한 구호를 외치게 하여 이제 막 창조된 세계의 의미를 공고히 하고 공유된 감정의 표출을 강화한다. 감정은 재귀적인 성격으로 그들 간의 유대감을 더 튼튼히 한다. 관심의 초점 공유와 감정 공유는 상호의례에서 가장 중요하다. 이 둘은 서로를 다시 강화한다.

감정 공유는 성공적 상호작용 의례의 세 번째 전제다. 세 번째 전제라곤 했지만 분위기의 전염이나 감정적 전염은 상호작용 의례가 시작되는 순간부터 이루어진다. 같은 대상에 관심을 집중하는 과정 자체가 서로의 감정에 휩쓸리는 과정이다. 일부의 상이한 감정은 주된 집단 감정에 침범당한다. 의례에서 감정적 조율이 성공적으로 이루어지면 유대감이 나타난다. 자신이 속하는 집단에 대한 애착이 생겨나고 소속감이 강해진다. 감정의 강도는 감정의 크기, 달리 말해 감정적 에너지의 정도에 따라 달라진다.

---

11  전파를 통한 참여는 동조의 수준을 쉽게 낮춘다. 라디오나 텔레비전으로 보는 연주회나 대회보다 실제 현장에서 보는 연주회나 대회에서의 열정이 훨씬 높다.

감정적 에너지가 큰 사람은 집단의 도덕심을 의심하지 않는다. 자신의 도덕적 올바름도 의심하지 않는다. 집단과 자신의 상호작용이 자신에게 큰 충족감을 주기 때문이다. 개인은 집단을 찬양하고 지키며 자신들의 유대감을 확인할 수 있는 상징을 얻는다. 상징은 대개 군중이 의식적으로 초점을 맞춘 대상 중에서 선택된다. 시위대나 군대를 끌고 가는 지휘부, 경기를 펼치는 스포츠 팀 자체, 십자가 등은 모두 하나의 상징이다. 상징은 그 뒤에 이어지는 상호작용적 의례가 서로의 감정적 에너지를 얼마나 충전하는가에 따라 영향력이 커진다.[12]

## 2) 훈련상황에서의 상호작용과 적대적 증오 및 상징

임철우의 『봄날』에서 집요하게 서술되고 묘사되는 것 중 하나가 바로 충정훈련이라는 집단적 상황이 공수부대원들에게 어떤 의식의 방향성과 감정을 만들어냈는가다. 우선 훈련은 단순한 학습 차원을 넘는다. 훈련의 반복은 보통 사람들에게는 특수한 것처럼 보이는 일이 자신들에게는 일상적인 업무임을 지각하게 만든다. 그들은 스트레스를 극대화하는 상황 속에서도 자신들의 과업을 집단적 차원에서 성공적으로 수행하며 그런 활동은 더 큰 유대감을 끌어낸다.[13]

명치는 비로소 방독면을 벗고 심호흡을 했다. 콜록콜록. 기침 소리.

---

12   상호작용 의례 이론에 관해서는 랜들 콜린스, 앞의 책, 33-164쪽 참조.
13   랜들 콜린스, 앞의 책, 139쪽 참조.

재채기 소리. 콧물, 눈물, 땀으로 뒤범벅이 된 얼굴을 좌우로 흔들어대는 병사들의 얼굴은 하나같이 고통으로 잔뜩 일그러져 있다. 시위대 쪽도 진압군 쪽도 마찬가지다. 명치는 바람이 불어오는 쪽을 향하고 서서 눈을 깜박거리려 애를 썼다. 펄펄 끓는 기름을 흠뻑 뒤집어쓴 것처럼 얼굴이며 온몸이 땀으로 후줄근하게 젖어 있었다.[14]

"니기미, 하늘까지 해까닥 미쳐 돌아가는 게지. 이런 드런 날씨에 남의 부대까장 와서 허구한 날 개스 뒤집어써가며 이따위 개씹 같은 폭동 진압 훈련이나 받고 있어야 하다니, 에이, 드러워서 증말!"[15]

공수부대원들은 여러 달 동안 "개씹 같은 폭동 진압 훈련"을 받는 중이다. 뜨거운 햇빛, 날리는 먼지, 훈련 때마다 터지는 가스, "펄펄 끓는 기름을 흠뻑 뒤집어쓴 것처럼" 흘러내리는 땀, 욕설과 고함, 거친 숨소리가 매일의 일과다. 집단 속에서 이루어지는 신체적 공현존은 신체적 불쾌감, 긴장감, 흥분감 등의 감각적 수준과 감정, 사고를 공유하게 한다. 고통, 분노, 짜증이나 처지에 대한 불만 등이 순식간에 퍼진다. 강한 연대감의 형성은 대단히 자연스럽다. 사실 항상 같은 내부실에서 같은 일과를 보내고 같은 훈련을 받는 군인 집단의 상호주관성이나 연대감, 소속감이 크지 않을 수 없다. 그들은 처음부터 세세한 훈련이나 조국 및 상관에 대한 충성 등에 초점이 잡힌 상호작용 속에서 생활한다. 그들은 집단적으로 특정한 목적을 위한 특정한 행동 양식을 반복해 숙련한다는 점에서 집단적 정체성을 강화한다.

---

14　임철우, 『봄날1』, 문학과지성사, 2006, 121쪽.
15　임철우, 앞의 책, 123쪽.

몰입감도 남다르다. 공수부대라는 특수한 군인집단이 주는 자부심, 일반 보직보다 더 강한 훈련과 얼차려를 받는 와중에 생겨나는 전우에 대한 애착과 계급문화는 군인 집단이 가진 특유의 상명하복 문화를 유지해야 한다는 의무감이 커지게 만든다. 이는 곧바로 유대를 유지해야 한다는 압력과 도덕감정으로 이어진다. 그들은 공수부대만이 지켜야 할 특정 가치, 곧 (상부에서 주입받은) 국가 정체성 등을 수호해야만 하는 것이다.[16] 특히 데모하는 대학생은 그들이 지켜야 하는 가치를 훼손하려는 존재이자 이 막대한 고통을 제공한 하나의 상징이다.

> "아이그, 반장님. 우리가 뭣 때문에 우리 부대 놔두고 여기 남의 부대 꺼정 와서 눈칫밥 얻어먹어가며 허구한 날 좆빠지게 고생해야 합니까. 좆도 모르는 그 상놈의 대학생 아새키들, 즈이 어미 애비가 비싼 돈 들여서 학교에 보내주니깐, 하라는 공부는 안 하고 데모니 뭐니 지랄들 하는 통에 우리까지 이 고생 아닙니까. 이 시키들, 한번 출동만 했다 하믄 봐라. 작살을 내줄 테니깐."[17]

> "너 임마. 우리가 날마다 이렇게 고생하는 게 누구 때문인 줄 알고 있어?"
> "넷, 알고 있습니더."
> "누구 때문인데?"
> "대학생들이…… 대학생 아새끼들의 시위 데모 때문입니더."[18]

---

16    랜들 콜린스, 앞의 책, 56-58쪽 참조.
17    임철우, 앞의 책, 126쪽.

함께 집중하는 대상은 집단의 상징이 된다. "좆도 모르는 그 상놈의 대학생"이나 데모대는 공수부대원들이 갖는 상호주관성의 느낌이나 공유하는 감정에 대한 느낌의 강렬한 표상이다. 감정은 본래 휘발적이기에 반복해서 타올라야만 유지된다. 대학생과 데모대에 대한 부정적인 감정이 유지되려면 "날마다 이렇게 고생"하도록 만들어야만 한다. 단기적 감정을 장기적 감정으로, 다시 말해 오래 지속되는 감정을 만들기 위해서는 감정을 불러일으키는 상징에 감정이 축적되어야만 한다. 상징에 대한 기억이나 의미는 결국 집단의 정체성에 지대한 영향을 미친다.[19]

공수부대가 대학생이나 데모대에 갖는 감정의 핵심은 증오다. 증오는 대단히 악랄한 감정이지만 이들의 증오는 꽤나 '합리적'이다. 공수부대원은 지독한 충정훈련을 하는 이유가 데모하는 학생들 때문임을 명확히 알고 있다. "숨이 컥컥 막혀오면서 살덩이와 내장까지 지글지글 끓어오르는 느낌"[20]을 갖게 하는 미칠듯한 훈련은 학생 데모가 없었다면 존재할 필요도 없다. 증오의 이유는 나름대로 정확한 셈이다. 때문에 그들의 감정이 합리적인 채로 남았다면 5·18의 잔혹극은 남녀노소를 가리지 않았던 무분별한 사태로 흘러가지 않았을 것이다. 한데 그들의 증오는 합리적 증오를 넘어선다.

그들의 흐린 눈빛 속에는 누군가 곁에서 무심코 손가락으로 콕 찌르

---

18  임철우, 앞의 책, 128쪽.
19  랜들 콜린스, 앞의 책, 128쪽 참조.
20  임철우, 앞의 책, 131-132쪽.

기만 하면 금방이라도 산산조각으로 폭발해버릴 것만 같은 어떤 엄청난 증오심과 적의가 부글부글 끓어오르고 있는 듯했다. 그들에겐 그 무서운 불만과 증오와 적개심의 대상이 누구일 것인가라는 사실은 막상 별로 중요하지 않았다. 그들에게 지금 이 순간 당장 필요한 것은 다만 그것이 누구이든, 무엇이든 간에, 자신들의 가슴 속에서 비등하고 있는 그 엄청 난 증오와 적의의 에네르기를 당장이라도 배출해내지 않으면 더 이상 견딜 수가 없으리라는 사실, 그것뿐이었다.[21]

공수부대의 증오는 '무조건적인 증오'로 가닿는다. 그들은 자신들의 증오를 누가 유발했는지 따윈 상관하지 않는다. "그들에겐 그 무서운 불만과 증오와 적개심의 대상이 누구일 것인가라는 사실은 막상 별로 중요하지 않았다." 그들은 무엇인가를 증오해야만 한다. 상부에서 증오를 터트리도록 허락한 대상, 곧 광주의 시민은 이 터져버릴 것만 같은 감정을 풀어내기 위한 희생양이 될 예정이다. 그들은 무차별적이고 무자비함에도 자기 행위에 대한 단 하나의 후회도 없는 괴물이 된다. 결과적으로 그들의 증오가 강한 사회적 윤리적 문제를 불러일으켰음에도 저 갈등에서 쉽게 벗어난 이가 많았다는 점은 이를 정확히 증명한다. 오직 상대의 절멸만이 무조건적 증오심의 소멸을 낳는 계기다.[22]

---

21  임철우, 앞의 책, 131쪽.
22  합리적 증오와 무조건적인 증오에 관해서는 고든 올포트, 『편견』, 석기용 옮김, 교양 인, 2020, 568-571쪽 참조.

## 3) 여단장에 대한 동일시와 나르시시즘적 폭력

공수부대의 강렬한 상징은 하나 더 있다. 국가나 태극기도 하나의 상징이지만 『봄날』에서 강조되는 것은 부대의 단장에게 박혀 있는 별이다. 최상급자를 향한 절대적인 복종은 대단히 복잡하고 강렬한 감정을 생성한다. 군대의 상명하복은 절대적인 권력 격차를 내포하는데, 권력 격차가 강제적이고 극단적일수록 강정적 전염이 더 강하게 일어난다. 각자의 처지를 잘 알고 있는 병사들은 자신들의 주인이나 다름없는 간부가 원하는 대로 따르는 복종의 상태를 보인다.

> 병사들의 모든 자부심과 긍지의 원천은 그 위대한 별이었다. 조국과 집단에의 충성, 명예에의 헌신 역시 그 고향은 별이었다. 일당백의 용기, 불가능을 가능케 만드는 확신과 믿음의 신앙 또한 그 별의 자식이었다. 의리와 동료애, 삶과 죽음의 선택권 역시 모두가 그 신성한 별로부터 시작되고 또한 별에서 끝나야만 하는 것이었다.
>
> 그러는 어느 사이엔가 그 위대한 별과 그 별의 신도인 병사들은 하나가 되어 있었다. 그 찬란한 별은 그들 자신이 되어 있었고, 그들은 또한 스스로를 그 별과 동일시하게 된 것이다. 그건 최면이거나 환상이었다. 그 강력하고 유혹적인 최면 상태에서 그들은 모두 영웅이 되어 있었고 초인으로 변해 있었다. 자신을 평범한 인간이라고 믿는 것, 그것은 그 별의 종교의 교리에서 어쩌면 가장 큰 죄악일 것이기 때문이다.[23]

---

23   임철우, 앞의 책, 221쪽.

병사들이 신성시하고 동일시하는 별은 그들의 생사여탈권을 갖는다. 충성, 명예, 용기, 믿음 등의 감정 역시 모두 별에서 시작해 별로 끝난다. 별은 종교적 대상에 가깝다. 이는 모두 가혹한 억압에 의해 자기 스스로를 되돌아볼 기회도 없고 상관의 감시를 벗어날 수도 없는 충정훈련 상황에 의거한다. 혹독하게 몰아붙이는 과정이 그들에게 권력의 뒷무대를 상상하지 못하도록 만들고, 윗사람의 감시를 편하게 피할 수 있는 심리적 물리적 장소가 없어지자 종속과 예속이 더욱 강화된다. 그들은 항상 성스러운 대상에 복종하고 공경하도록 강요받는 것이다.[24] 이는 사실 훈련 때부터 반복되어왔다. 여단 예하 훈련 지휘관은 예하 부대원에게 명령을 내리는 자로써 공수부대라는 단위가 형성하는 가치의 상징을 부분적으로 체현한 신분이다. 지휘관에 대한 집단의 상호작용적 집중은 그를 중심으로 만든다. 병사들의 의식적 감정적 에너지의 초점이 된 지휘관은 "이상한 마력 같은 걸" 지니고 있는데 그것을 마주 대하고 있는 사람에게 "까닭 모를 공포와 불안감을 불러일으키는 신비한 힘을 지니"[25]게 되어 카리스마적 인물로 비춰진다. 따라서 지휘관 피라미드의 최상부에 위치한 여단장은 그 누구보다도 탁월한, 범접할 수 없는 사람이 된다. 그는 부하가 자율적인 생각을 할 수 없도록 강제력을 발휘하는 자다. 여단장에 대한 동일시는 복종과 도덕 감정을 증폭한다. 상징에 대한 공경은 상징을 중심으로 한 도덕적 질서를 강화하기 때문이다. 결국 공수부대원들은 동일시를 통해 자신들이

---

24 소설 중 사디스트 같은 면모를 보이는 '추상사'는 극단적인 강압적 힘을 사용하는 전쟁 상황(월남 파병) 속에서 가학성을 얻은 자라고 할 수 있다.

25 임철우, 앞의 책, 125쪽.

하는 일에 거대한 정의감을 느낀다.[26]

여단장에 대한 동일시는 나르시시즘적 전능감을 낳기도 한다. 병사들은 "최면이거나 환상"의 상태에서 이상화된 "영웅"이 되고 완벽한 "초인"이 된다. 나르시시즘은 강한 공격적 충동을 갖거나 공격적 자극에 대한 불안을 참지 못한다. 주요 감정은 수치심과 질투인데 수치심은 무능력이나 무가치함, 불완전함을 내포하고 질투심은 타자에 대한 파괴의 마음으로 나타난다. 이상화나 완벽주의, 타인에 대한 부정적 평가, 질시는 모두 자신의 수치심을 숨기기 위한 방편이자 분노를 유발하는 요인이기도 해서, 자신의 이상에 미치지 못하는 존재나 상황, 불만족스러운 인정을 경험하면 거대한 분노와 폭력을 표출한다. 이 성격은 극단적이어서 한편으로는 비대해진 긍정적 자기와 다른 한편으로는 전적으로 문제적인 자기를 동시에 갖는다. 공수부대는 영웅이거나 초인이지만 연병장에서는 각종 장비를 주렁주렁 매달고 엉망진창으로 구르는 한낱 군바리다. 볼품없는 자기는 반드시 가려져야만 하므로 나르시시즘을 문제로 보이게 만드는 자에게 더욱 강한 반동적 독선과 폭력이 행사된다.

얼핏 가게 앞에 서 있는 그 사내와 눈이 마주쳤다. 순간 사내는 잔뜩 겁먹은 듯 가게 안으로 황급히 들어가버렸다 그리고는 재빨리 갈고리를 들어올려 셔터문을 단숨에 내려버리고 만다. 타타타타, 하는 요란한 쇳소리와 함께 문이 내리닫히고, 그와 함께 가게 안에서 흘러나오던 불빛도 풍경도 사라져버렸다. 불현듯 명치는 그 낯모르는 사내에게 달겨들어

---

26    랜들 콜린스, 앞의 책, 167-169쪽 참조.

목이라도 졸라주고 싶은 충동을 느꼈다.[27]

이따금 놀라 잠을 깨고 일어났던 사람들은 이내 창문을 내리닫고 황급히 사라져버리곤 할 뿐, 그 거대한 도시는 완벽한 정적과 무관심 속에 닫혀 있었다.

(……)

자신들이 그 지긋지긋한 훈련과 기합으로 날이면 날마다 녹초가 되어 있는 바로 그 순간에도, 담 바깥의 세상에선 전혀 다른 모습의 전혀 다른 사람들이 전혀 다른 삶을 즐기고 있었으리라는 사실이, 트럭 위에 앉은 병사들을 불현듯 분노로 부글부글 끓어오르게 하고 있었다. 그 분노는 배신감이거나 혹은 질시, 억울함 같은 것이기도 했다.[28]

고대하던 작전에 투입된 병사들은 자신들을 환영하지 않는 도시에 배신감을 느낀다. 그들을 본 시민들은 "재빨리 갈고리를 들어올려 셔터문을 단숨에 내려버리고" "창문을 내리닫고 황급히 사라져"버린다. 나라를 지키기 위해 지독한 고통을 감내한 그들이 마땅히 받아야 할 고마움의 표시나 상찬은 전무하고, 숫제 이방인 취급이다. 공수부대원들은 이 회피 때문에 "분노로 부글부글 끓어오르"고, "달겨들어 목이라도 졸라주고 싶은 충동을" 느낀다. 이와 같은 장면은 소설 내내 여러 차례 반복된다. 계엄령으로 인해 갖게 된 군인에 대한 무의식적인 거리감이나 불안, 두려움에 대한 생각은 없다. 단지 완전해야 할 자신들의 위상이 온전하지 않다는 것에

---

27  임철우, 앞의 책, 226쪽.
28  임철우, 앞의 책, 227쪽.

대한 분노가 그들을 지배할 뿐이다. 그러니 충정훈련이 낳은 것은 증오심을 비롯한 파괴적 감정과 기괴한 모습으로 비틀려버린 나르시시즘적 병사다.[29] 계엄령을 통해 국가의 위기를 조장하는 자들을 진압한다는 명분과 빨갱이 프레임은 나르시시즘적 퇴행을 정당화하는 강력한 이데올로기적 장치다. 그들은 분노와 증오심을 터트리면서 극단적 폭력을 행사해 '올바른 일'을 한다.

　　쓰러져 허우적거리는 사내의 등허리를 또 다른 대원이 달겨들어 짓이겼다. 종아리를 붙잡힌 임상병이 진압봉을 내리쳤다. 퍽 소리와 함께 사내의 이마에 핏물이 죽 흘렀다. 명치는 반대쪽으로 몸을 돌렸다. 대원들이 벌써 여기저기서 젊은이들을 끌고 나와, 그들을 땅바닥에 주저앉히고 있었다.[30]

　　병사들은 자신들의 희한한 위력에 감동했다. 앉아. 일어서. 앉아. 옆엣놈과 어깨 껴. 앞으로 취침. 뒤로 취침…… 공포에 질린 십여 개의 몸뚱이가 명령에 따라 길바닥 위를 뒹굴었다. 엎어졌다가 다시 일어나 앞으로 고꾸라지고, 다시 일어나 벌렁 나자빠지고.[31]

　　그 검은 얼굴 한쪽이 벌어지며 하얀 이빨이 얼핏 드러나는 걸 군중들은 보았다. 웃음. 얼룩무늬는 웃고 있는 것이다.

---

29　나르시시즘에 관해서는 이수진, 「라캉의 나르시시즘개념 고찰의 정신분석 실천적 의미」, 『현대정신분석』 제21권 2호, 한국현대정신분석학회, 2019 참조.

30　임철우, 『봄날2』, 문학과지성사, 2007, 61쪽.

31　임철우, 앞의 책, 62쪽.

또 다른 얼룩무늬가 다가오더니, 쓰러진 살덩어리를 발로 두어 번 세차게 걷어찼다. 여길 잘 보라는 듯이. 그리고 다시 군중들을 돌아다니며 얼룩무늬들은 저희들끼리 낄낄거렸다.[32]

정당한 폭력을 행사하는 공수부대는 초전박살, 무자비하고 위압적인 위력을 행사하라는 명령에 충실해 시민들을 무자비하게 진압하곤 마치 장난감을 가지고 놀 듯이 대한다. 그들에게 무차별적인 진압을 통한 완전한 무력 행사는 자신들의 위력을 확인하고 그간의 노고를 보상하는 방법이다. 말 한 마디, 눈빛 하나, 위협적인 작은 행동 하나 하나에 긴장하고 바짝 엎드려 복종하는 시민들은 완전한 지배와 복종의 관계 속에서 지내 온 병사들의 나르시시즘을 충족시킨다. 자부심과 명예보다 지금 당장 눈앞의 사람을 떨게 하는 무력과 권위, 폭력과 권력을 통한 지배감이 강렬한 말초적 쾌감을 선사한다. 그들이 위력을 보이는 것, 비인간적인 폭력을 행사하는 것은 즐거운 일이다. 무자비한 구타로 쓰러진 시민을 여봐란듯이 발로 차고 "군중들을 돌아다니며" "저희들끼리 낄낄"거릴 수 있는 이유는 자신의 힘을 과시하는 데서 오는 자기도취다.

### 4) 원한의 폭력과 폭력을 위한 폭력

시민들의 저항은 병사들의 폭력성을 더 잔혹하게 만든다. 전투는 공수부대에게 투석전과 백병전, 총격 등이 서로 난무하는 위협적인 상황을 공통

---

32    임철우, 앞의 책, 126-127쪽.

적으로 인식하게 하고, 극도의 긴장과 흥분, 두려움과 공포, 분노와 원한, 복수심과 증오 등의 감정을 공유하게 한다. 시민들은 공수부대의 생명을 위협하는 '적'에 가깝다. 그러자 공수부대의 결집력이 더 촘촘해지고 폭력의 무차별성도 더 커진다. 폭력이 상호중첩 될수록 공수부대의 원한과 복수심은 맹렬해지고 폭력도 그에 걸맞은 강도로 터진다. 해소되지 않는 폭력의 연쇄는 서로의 피 값을 치르기 위해 쉴 새 없이 더 큰 폭력을 만들어낸다. 물론 전문적인 훈련을 받고 장비까지 착용한 공수부대의 공격력이 월등하다. 처참하게 쓰러지는 이는 주로 시민이다.

끔찍한 살육전이었다. 이제 공수부대 병사들은 더 이상 진압봉에만 의지하지 않았다. 병사들은 어둠 속에서 이미 이성을 잃었다.

"쥑여! 전부 다 쥑여뻐려엇!"

"절대로 흩어지지 마!"

"각자 위치 지켜!"

누군가 미친 듯 악을 썼다.

그때부터였다.

누가 먼저랄 것도 없이 병사들은 대검을 뽑아들고 닥치는 대로 휘저어대며 군중 속을 뛰어다니기 시작했다. 찌르고, 가르고, 찍고······

(······)

완전한 어둠 속의 백병전. 몸뚱이와 몸뚱이가 뒤엉켜 부딪치고, 대검이 무차별로 몸뚱이에 푹푹 박혔다. 시민들은 볏단처럼 길바닥에 푹석푹석 쓰러졌다. 쓰러진 몸뚱이를 밟고 나아가던 또 다른 몸뚱이가 쓰러지고, 다시 그 위로 또 다른 몸뚱이가 엎어졌다.[33]

시민들과 전투를 치르고 부상을 당하거나 동료를 잃은 공부수대원들은 순식간에 광기로 물든다. 그간 사용하던 몽둥이는 집어넣고 너나 할 것 없이 대검을 뽑아 찌르고 베고 찍어버린다. 시민들이 푹석푹석 쓰러져도 상관하지 않는다. 오직 더 많은 시민을 불능으로 만들어야 한다는 집념만 이 머릿속에 가득 차 있다. 이 잔혹하고 악독한 폭력성은 이후로도 끊임없이 나타난다. 포로로 잡힌 시민들을 고문할 때 '원산폭격'이나 '통닭구이', '눈동자 고정하기' 등의 온갖 기합은 물론이거니와 진압봉이나 소총 개머리판을 이용한 구타가 쉴 새 없이 이어진다. 수용소 안이 땀과 피, 오줌과 똥 냄새로 범벅임에도 폭력은 멈추지 않는다. 밖에서 시민군의 총소리라도 들릴라치면 어디선가 핏발선 군인이 들어와 소리를 지르며 가혹한 폭력을 행사한다. 밀봉된 호송 트럭 짐칸에 태워져 타 부대로 이동할 때에는 짐칸에 최루탄을 집어넣고 그들끼리 킬킬댄다.

특히 5월 24일에 벌어진 주남마을 학살은 군인들 간의 오인 사격으로 시작된 학살이라는 점에서 특기할 만하다. 24일 오후, 주남마을에서 진을 친 공수부대는 급작스러운 습격을 받는다. 90밀리 포와 총알이 폭포처럼 쏟아지고 화약 냄새와 비명 소리가 사방을 메운다. 악에 받친 공수부대는 주변에 보이는 마을 전체에 총을 갈긴다. 적어도 이전까지의 폭력은 뚜렷한 명분에 부합하다고 할 만한 대상이 존재했다. 예컨대 광주 시내의 사람들이 뭉쳐서 시위할 수 없도록 박살내야 한다는 명분이라도 있었다. 한데 깡촌 주남마을에서는 논에서 일하던 사람들, 조그만 저수지에서 노는 꼬맹

---

33    임철우, 『봄날3』, 문학과지성사, 2010, 315-316쪽.

이들, 고무신을 신고 걸어가는 아낙네들이 총에 맞아 죽고, 마을의 몇 안 되는 집을 뒤진 공수부대원들에게 붙잡혀 온 청년들도 총에 맞아 죽었다. 공수부대원은 중화기와 90밀리 포, 지뢰 같은 것을 이 시골 사람들이 운용했다고 철썩 같이 믿었다. 자신들이 싸운 대상이 보병학교 교도대였음을 알고 난 이후에도 병사들은 무차별적인 사격을 퍼부었다. 젖소나 염소, 수백 마리의 칠면조도 떼죽음을 당했다.

> 전투는 끝났지만, 마을 일대에선 아직도 여기저기서 총성이 간헐적으로 쏟아져 나오고 있다. 적을 찾지 못한 병사들은 온 마을을 휩쓸고 다니며 무차별 사격을 퍼부어댄다.[34]

여기에는 적이 없다. 이데올로기도 없고 명분도 없다. 이 폭력은 오로지 폭력을 위한 폭력이다. 군인 간의 격돌로 사상자가 생기자 순식간에 폭발한 증오, 분노, 원한, 폭력에의 열망이 혼합되었고 그 감정들은 복수를 위한 죄인의 피, 혹은 죄인으로 가정된 이의 피를 바랐을 뿐이다. 주남마을의 희생자는 공수부대 근처에 있었다는 이유만으로 살해당했다. 폭력은 아무 대상이나 붙잡고 터졌다. 이성적인 계획이나 판단, 합리성은 완전히 사라진 채 강렬한 격동에 휩싸인 무자비하고 무차별한 폭력이 주남마을을 휩쓸었다.[35] 물론 이 역시 상부에서 묵인하고 방조했기에 가능했던 폭력이다.

---

34  임철우, 『봄날 5』, 문학과지성사, 2010, 213쪽.
35  폭력을 멈추게 하는 폭력과, 폭력을 부르는 폭력에 대한 것은 르네 지라르, 『폭력과 성스러움』, 민음사, 2005, 9-103쪽 참조.

그러니 병사들 절대다수가 상부에서 조정한 의식적 감정적 방향성에 예속되어 마치 노예처럼 충실히 명령을 수행한 결과가 바로 5·18에서 발생한 공수부대의 폭력성이라고 할 수 있다.

## 3. 나가며

그간 진행된 5·18의 공수부대에 대한 연구는 부족한 편이었다. 특히 감정에 집중한 연구는 전무 하다시피 해서 사람이 결집하는 원리나, 집단이 한 가지 목표를 위해 움직일 수 있는 동력에 대한 해명이 잘 이루어지지 않았다. 이데올로기로 대변되는 이론적 원리에 대한 분석은 인간이 감정을 가지고 있다는 점에서 한쪽 영역의 성과에 그칠 수밖에 없다. 본고는 이와 같은 사정을 보완하기 위해 감정과 그 감정을 형성하는 상황을 잘 보여주는 임철우의 『봄날』을 중심으로 5·18 공수부대의 폭력성의 원인을 밝혔다.

공수부대는 같은 시공간을 함께 보내고 나누며 서로의 신체적 리듬과 정신적 지향점을 맞춰나갔고, 심장이 터져버릴 것 같은 지독한 훈련 속에서 하나의 상징적 적(광주의 시민)을 상정하여 집합 감정으로서의 유대감, 연대감, 도덕감, 종교적 애국심, 나르시시즘적 도취, 분노와 증오 등의 감정을 키워나갔다. 그들은 상부가 조장한 상황과 권력 위계 속에서 국가는 절대 위기의 상황이고 데모대는 빨갱이이며 모든 분노는 그들에게 향해져야 한다는 특정한 의식적 감정적 편향성을 갖게 되었다. 이는 계엄령을 통한 광주 진압 명령과 결합되며 무차별적인 살육을 낳았다. 증오와 분노를 터트리는 극단적인 폭력은 분명 그간의 고통에 대한 보상이기도 했다.

그러나 광주의 시민들은 쉽사리 굴복하지 않았다. 피 흘린 저항은 공수부대에게 위협을 가하고 피해를 주었다. 폭력과 폭력이 맞물리고 순환되자 공수부대의 증오와 분노, 복수심과 원한은 증폭되었다. 나중에는 오직 폭력을 위한 폭력만이 행사되기도 했다. 이것이 공수부대 집단이 그토록 극단적인 폭력성을 보였던 이유다.

집단적 사건의 경우, 집단이 형성되는 상황은 사건마다 다르겠지만 집단 형성의 원리는 대개 비슷하다. 먼저 군중이 모이고 관심의 초점이 공유되면 유사한 의식적 방향성과 감정을 갖게 된다. 여러 이유로 인해 집단의 감정이 점점 더 고조되고 그 강도가 거세지면 유대감과 연대감 등이 커지며 새로운 도덕감이 생긴다. 집단은 하나의 소속감 속에서 그 소속감을 확대 재생산하기 위한 여러 장치를 발견하거나 발명한다. 이와 같은 차원에서 국가폭력에 가담한 가해자들의 보편적 원리를 규명해볼 수도 있다. 5·18, 4·3, 여순 등의 사건은 무차별한 학살이기도 했다는 점에서 유사성을 공유한다. 랜들 콜린스의 상호작용 의례 이론을 통한 집단 감정의 연구는 국가폭력에 대한 새로운 연구 방법론이 될 수도 있을 것이다.

# 참고문헌

## 1. 기본 자료

임철우, 『봄날 1』, 문학과지성사, 2006.
임철우, 『봄날 2』, 문학과지성사, 2007.
임철우, 『봄날 3』, 문학과지성사, 2010.
임철우, 『봄날 5』, 문학과지성사, 2010.

## 2. 단행본

고든 올포트, 『편견』, 석기용 옮김, 교양인, 2020.
르네 지라르, 『폭력과 성스러움』, 민음사, 2005.
랜들 콜린스, 『사회적 삶의 에너지』, 진수미 옮김, 한울아카데미, 2009.
안토니오 다마지오, 『데카르트의 오류』, 김 린 옮김, 눈출판그룹, 2017.

## 3. 논문

곽송연, 「정치적 학살 이론의 관점에서 본 가해자의 학살 동기 분석」, 『민주주의와 인권』 제13권 1호, 전남대학교 5·18 연구소, 2013, 13-48쪽.
김경민, 「국가폭력의 가해자를 재현하는 문학의 역할」, 『한국문학이론과 비평』 25권 1호, 한국문학이론과 비평학회, 2021, 141-168쪽.
김영택, 「신군부의 정권찬탈을 위한 공수부대의 5·18 '과잉진압'연구」 역사학연구 Vol. 34, 호남사학회, 2008, 149-194쪽.
김주선, 「임철우 『봄날』의 재현형식에 관한 연구」, 조선대학교 일반대학원 박사학위 논문, 2016.
노영기, 「5·18항쟁 초기 군부의 대응 – 학생시위의 시민항쟁으로의 전환 배경과 관련하여」, 『한국문화』 No. 62, 서울대학교 규장각한국한연구원, 2013, 279-309쪽.
심영의, 「5·18 가해자들의 기억과 트라우마」, 『민주주의와 인권』 제17권 1호, 전남대학교 5·18 연구소, 2017, 5-38쪽.

이수진, 「라캉의 나르시시즘 개념 고찰의 정신분석 실천적 의미」, 『현대정신분석』
　　　제21권 2호, 한국현대정신분석학회, 2019, 77-112쪽.
정명중, 「증오에서 분노로-임철우의 『봄날』 읽기」, 『민주주의와 인권』 제13권 2호,
　　　전남대학교 5·18 연구소, 2013, 131-167쪽.

# 도래할 혁명을 위한 시학으로서의 4·3

－김석범의 『화산도』(2015)를 중심으로－

장은애

(국민대학교 국어국문학과 박사과정 수료)

# 1. 들어가며 : 이름이 없는 사건을 '재현'한다는 것

4·3의 의미화는 그간의 역사가 전개되는 가운데 늘상 가능과 불가능의 양단을 오갔다. 그러나 대체로 폭동론과 항쟁론이 상호 대립하는 긴장 속에서 담론이 전개되었으며, 그 가운데 정명이라는 당위를 추구하는 양상을 보였다고 할 수 있다. 4·3에 대한 문학적 형상화 또한 이상의 맥락과 궤를 같이하는데, 시대에 따라 4·3의 문학적 재현 양상이 조금씩 바뀌기는 했지만,[1] 기본적으로 4·3문학은 4·3에 대한 충실한 재현을 바탕으로 국가폭력에 맞서는 기록문학 내지는 고발문학 혹은 저항문학으로서의 성격이 강조되었다. 그랬을 때 4·3문학의 과제는 대체로 국가폭력에 대한 대항담론서 '정명' 내지는 '진실 규명'이라는 당위로 수렴되고는 했다. 요컨대 작품이

---

[1] 이와 관련하여 김동윤은 4·3문학의 시대별 특징을 정리하는데, 그에 따르면 4·3문학은 '비본질적·추상화 단계'(1948-1978)를 거쳐 '비극성 드러내기 단계'(1978-1987), '본격적 대항담론의 단계'(1987-1999), '전환기적 모색과 다양한 담론의 단계'(2000- )로 구분되며, 각각의 시기를 나누는 분기점은 각각 현기영의 「순이삼촌」 발표(1978), 6월 항쟁(1987), 4·3 특별법 제정(2000)이다(김동윤, 「4·3문학 연구의 현황과 과제」, 제주대학교 평화연구소 편, 『제주 4·3 연구의 새로운 모색』, 제주대학교 출판부, 2017, 137쪽 참조). 이하 각 시기별 4·3문학의 특징은 김동윤의 같은 논문 137-140쪽 참조.

"4·3을 얼마나 충실하게 재현해내면서 진실에 접근하였느냐"[2]가 4·3문학의 작품성을 판단하는 척도가 되었던 것이다. 하지만 이처럼 재현이 중심이 되는 상황은 4·3문학의 역량을 자칫 재현 문학의 수준으로 한정하는 결과를 초래할 수 있기에 한계가 있다.

재일작가 김석범의 『화산도』는 이상의 문제와 관련하여 자주 화두에 오르고는 했는데, 4·3 증언집인 『이제사 말햄수다』에 수록된 한 인터뷰는 『화산도』를 둘러싸고 반복적으로 제기되었던 논란의 요지가 무엇이었는지 잘 보여 준다.

> · 김석범 씨를 아십니까? 요즘 우리나라에도 그분의 『화산도』가 출간되고 있습니다만 그 책을 어떻게 보십니까?
> 뭐, 문장을 미화시킨 것밖에는, 내 김석범보고 그랬지. "네가 쓰기는 잘 썼다. 누군가 해야 할 일이니까 말이지. 그러나 일본의 대중을 위해서는 잘 했으되, 우리 제주 사람을 위한 글은 아니다. 너도 쓰려면 김달수 (주 : 요즘 출간된 『태백산맥』의 저자)처럼 제주에도 가보고 해서 써라"라고 했어. 내가 보기는 마음에 안 들어.[3]

인터뷰이는 작가인 김석범이 4·3의 현장인 제주도에 방문해 보지도 않고 『화산도』를 집필한 것이 문제라고 지적하는데, 이는 사실 『화산도』가 재현의 충실성이라는 기준에 미치지 못한다는 점을 우회적으로 비판하는 것에 다름 아니다. 이러한 식의 문제 제기는 『화산도』를 대상으로 한 나카

---

2    김동윤, 위의 논문, 2017, 147쪽.
3    제주4·3연구소, 『이제사 말햄수다』, 한울, 1989, 172쪽.

무라 후쿠지의 연구에서도 반복된다.

사회학자인 나카무라 후쿠지는 좌익에 치우친 김석범의 역사 인식이나 『화산도』 집필 당시 접한 자료의 한계 등으로 말미암은 역사적 '오류'를 조목조목 따진다. 그는 『해방 일년사』가 등장하는 시기 및 내용의 오류,[4] '통일독립운동협의회' 주도세력에 대한 오기,[5] 분단의 책임을 미국과 남한 우익 진영에 두기 위해 소련이나 좌익 측의 일방적인 입장이었던 '민주기지론'을 마치 조국 통일의 의제인 것처럼 수용하는 편파성,[6] 5·10 선거로 등장한 소장파 등 새로운 정치세력에 대한 외면,[7] 국가보안법 제출 시기 및 적용 범위에 대한 오류[8] 등 『화산도』의 역사적 오류들을 열거한다. 나아가 『화산도』에서 이러한 오류가 발생하게 된 원인에 대해 당시 국·내외 정세를 배경으로 복잡하게 전개된 역사적 사건들을 지나치게 단순화하거나 사실과 다르게 왜곡했기 때문이라고 분석하면서 이러한 상황이 발생하게 된 근본적 배경으로 작가의 좌편향적 이데올로기 성향을 지목한다. 그밖에도 나카무라 후쿠지는 '픽션'이라는 특성 때문에 소설적 설정이 가미되면서 역사적 사건들이 미세하게 실제와 달라졌음을 '정세용'이라는 인물의 형상화 문제에 초점을 맞춰 지적한다.[9]

한편 나카무라 후쿠지에 대한 반박도 존재한다. 작가 김석범은 나카무라

---

4    나카무라 후쿠지, 표세만 외 역, 『김석범 『화산도』 읽기-제주 4·3 항쟁과 재일한국인 문학』, 삼인, 2001, 75-77쪽 참조.
5    나카무라 후쿠지, 위의 책, 2001, 83-86쪽 참조.
6    나카무라 후쿠지, 위의 책, 2001, 89-90쪽 참조.
7    나카무라 후쿠지, 위의 책, 2001, 99-100쪽 참조.
8    나카무라 후쿠지, 위의 책, 2001, 101-107쪽 참조.
9    나카무라 후쿠지, 위의 책, 2001, 71-177·151-177쪽 참조.

후쿠지의 한국판『김석범『화산도』읽기』의 발문에서 나카무라가 정치·사회적 방법론에 치중해 "문학의 자립성을 부정·홀시"한 나머지 작품을 오독했다며 아쉬움을 드러낸다.[10] 김동윤 또한 서평을 통해 김석범과 비슷한 맥락에서 나카무라의 견해를 반박한다.[11] 또한 김재용은 나카무라 후쿠지의 견해를 직접적으로 논박하지는 않지만,『화산도』의 서사적 가치가 과거의 국가폭력을 드러냄으로써 망각된 역사를 되살리거나 막연히 관념적 농사를 부리는 것에 있지 않고, 튼튼한 역사의식 속에서 폭력과 권력의 문제에 천착하는 데 있다고 말하면서 서사가 역사적 사실 이상의 것을 성취해야 한다는 사실을 상기시키는데, 이는 서사와 역사적 사실의 대응 관계를 주로 살피는 나카무라 후쿠지의 방법과 상충하는 측면이 있다.[12] 마지막으로 권성우는『화산도』가 식민지 시대 친일파가 해방 이후 반공주의자로 변신하는 과정을 서술함에 있어 한 시대에서 다른 시대로 이행하는 당시의 복잡한 상황을 충분히 반영하지 못했다는 점을 인정하면서도 "『화산도』에서 개진된 비판이 해방 직후 한국 현대사가 노정한 치명적인 한계와 뿌리를 깊은 명쾌한 진단"임을 들어『화산도』의 가치를 높이 사는데,[13] 이는 문학이 사실의 충실한 재현 이외에 현상 이면에 가려진 본질을 포착

---

10  김석범,「발문」,『김석범『화산도』읽기-제주 4·3 항쟁과 재일한국인 문학』, 삼인, 2001, 268-271쪽 참조.
11  김동윤,「서평 : 소설에서 추적한 제주4·3과 한국현대사-나카무라 후쿠지의『김석범 '화산도' 읽기』(삼인, 2001)」,『제주도연구』제20호, 제주학회, 2001, 313-319쪽 참조.
12  김재용,「폭력과 권력, 그리고 민중-4·3문학, 그 안팎의 저항적 목소리」, 역사문제연구소·역사학연구소·제주4·3연구소·한국역사연구회 편,『제주 4·3연구』, 역사비평사, 1999 참조.
13  권성우,「김석범의『火山島』에 나타난 '친일' 비판의 의미」,『국제한인문학연구』제17호, 국제한인문학회, 2017, 25쪽 참조.

해야만 한다는 입장을 드러내는 것에 다름 아니다.

이처럼 『화산도』를 둘러싼 공방을 새삼스럽게 거론하는 까닭은 일단락된 논쟁을 재점화하려는 데 있지 않다. 그보다는 이상의 논의를 통해 4·3문학이 재현의 충실성이라는 도그마에 얼마나 강하게 사로잡혀 있는지, 그리고 그러한 도그마에서 벗어나는 것이 얼마나 어려운 일인지 함께 생각해보았으면 한다. 정명이라는 당위는 4·3문학을 추동하는 강력한 동인이지만, 다른 한편으로 4·3문학이 담지한 4·3의 가능성을 축소하고 위축시키는 한계로 작용할 수도 있다. 이러한 상황에서 4·3을 문학적으로 형상화하는 것의 의미를 다시 생각해보고 싶다. 특히 서사론적 관점에서 접근해보고 싶다.

4·3이라는 미증유의 국가폭력에 대하여 『화산도』의 서사는 어떻게 작동하는가? 요컨대 4·3에 대한 『화산도』의 문학적 응전이 무엇인지 질문해보고 싶다. 그랬을 때 미하일 바흐친의 서사 이론은 『화산도』의 서사가 4·3에 관한 이야기를 어떠한 방식을 통해 혁명의 사유로 전환하는지 볼 수 있게끔 돕는다. 특히 현실에서 패배했다고 할 수 있는 4·3으로부터 혁명의 형상을 정초한다는 것은 4·3을 의미화함에 있어 기대할 수 있는 최대치이지 않을까?

이상에 더해 4·3을 혁명으로 사유함으로써 출현하게 될 새로운 공동체에 관해서도 이야기해 보고 싶다. 4·3을 혁명으로 사유하는 것은 4·3을 고정된 과거의 사건으로 파악하는 것이 아니라 현재에 머무르는 사건으로서 지속적으로 변이하는 운동 내지는 흐름으로 바라본다는 것을 의미한다. 과거라는 고정불변의 상태에서 풀려나 혁명으로 재맥락화 한 4·3은 현재 속에서 횡단하고 접속한다. 그렇다면 그 과정에서 4·3을 혁명으로 사유하거나 체험하는 새로운 공동체가 출현하리라고 기대해 볼 수 있지 않을까? 그렇다면 『화산도』의 4·3 서사를 도래할 공동체를 부르는 서서라고 이해해도 좋을 것이다.

이상의 문제의식 아래 이 글에서는 미하일 바흐친의 서사 방법론인 다성적 대화주의에 입각해 김석범의 『화산도』[14]를 분석하고자 한다. 구체적으로 『화산도』의 서사가 어떠한 방식으로 4·3을 혁명으로 정초해 나가는지 살펴보고자 한다.

## 2. 『화산도』가 4·3에 관해 이야기하는 방식

4·3으로 육박하는 『화산도』의 서사적 가치는 확정된 상태로 고정돼 버린 현실을 서사적 가능성으로 돌파해 나간다는 점이다. 『화산도』는 실제 있었던 4·3을 그대로 '재현'하지 않는다. 그런데 서사는 기본적으로 현실을 그대로 재현하지 않는다. 그러나 『화산도』가 역사적 사건인 4·3을 서사의 기반으로 삼은 이상 『화산도』가 제시하는 역사적 사건과 실제 사건 사이의 정합성에 대한 질문이 제기되는 것은 당연하다. 또한 높은 정합성이 작품의 성취에 긍정적인 영향을 미치리라는 기대도 타당하다.

그러나 『화산도』라는 텍스트의 목적이 재현을 넘어서는 그 무엇에 있다

---

14  이 글은 2015년 번역·출간된 보고사판 『화산도』(총12권)를 분석 대상으로 삼는다. 이후 판본에 대한 정보는 따로 표기하지 않으며, 책의 본문을 인용할 때에는 괄호 안에 권수. 페이지를 표기하도록 한다.

고 한다면 실증적인 접근으로는 도달할 수 없는 지점이 있다. 사실로서의 역사를 서사적으로 재창조하는 것은 사실을 충실히 복기하겠다는 의미라 기보다는 역사의 다른 측면을 서사적 가능성을 통해 새롭게 모색해 보겠다는 의미에 가깝다. 요컨대 사건에 내재한 가능성의 최대치를 실험해 보겠다는 것이다. 그런데 실증적인 검증에 치우쳐 텍스트가 실제 사건을 제대로 반영하고 있는지 없는지가 작품의 완성도를 판단하는 기준이 될 경우, 『화산도』가 담지한 서사의 가능성이 자칫 위축될 수 있다.

김석범 또한 이에 따른 문제를 여러 자리에서 언급한 바 있는데, 그중 2015년 발간된 『화산도』의 저자 서문이 인상적이다. 그는 『화산도』가 "'남'에게서는 반정부분자, '북'에서는 반혁명분자로 취급되는 정치적 협격(협공-역자 주)"(1권, 5쪽)을 받았다고 언급한다. 그런데 서로 적대적인 두 체제 모두에서 『화산도』를 가리켜 반체제적이라고 했다니 이상하지 않은가? 하지만 이와 같은 양측의 비난은 『화산도』에 대한 비판의 본질이 무엇인지 이해하는 순간 쉽게 수긍이 간다. 문제는 『화산도』가 아니라 오히려 각자가 믿는/경험한 '역사'에 부합하지 않는다고 하여 『화산도』를 평가절하하는 것에 있다고 할 수 있다. 한편 이 같은 상황은 역사를 재현한다는 당위가 얼마나 대중없는 목표인지 잘 보여준다. 상황이 이러하다면 『화산도』의 서사적 가능성은 오히려 어떠한 현실적 이해에도 일치하지 않는 바로 그 지점에 있는 것은 아닐까?

이상의 문제의식에 공감한다면 우리는 4·3에 대한 『화산도』의 차이나 불일치에 대해 서사적 차원에서 보다 적극적인 해석을 시도할 필요가 있다. 『화산도』가 역사적 사실을 서사적으로 반영하는 과정에서 나타나는 다소의 차이는 역사에 대한 서사적 해석 내지는 재창조에서 비롯된 것이라고 봐야 한다. 서사와 현실 사이에 존재하는 차이는 서사와 현실을 대화적 관계로 연결하고 나아가 이러한 대화적 관계는 양자 간에 운동을 촉발하는 전제가 된다. 그리고 이 과정에서 4·3에 대한 새로운 해석의 가능성이 생성된다.

> 그후 4·3으로부터 10년 가까이 지나 57년에 『까마귀의 죽음』을 썼어. 내가 4·3의 현실을 아는 것은 아니야. (…) 내가 재일조선인 여러 소설가와 다른 것은 처음부터 픽션을 취하고 있다는 거지. (…) 나는 내 자신이 원하는 소설을 썼어. 방법상 픽션을 취할 수밖에 없었지. 왜냐하면 나는 [4·3을] 체험하지 않았기 때문에 (…) 나는 사소설의 방법을 취할 수 없었어. 체험한 일밖에 쓸 수 없다고 한다면, [4·3을] 소설에 쓰는 걸 그만두어야 하고. 그러니까 체험하지 않아도 쓰는 방법, 방법론이 나에게 필요했어.[15]

위의 인용은 김석범의 또 다른 4·3 소설인 『까마귀의 죽음』의 창작 방법론에 관한 서술이지만, 『까마귀의 죽음』을 모태로 한 『화산도』에도 동일하게 적용해 볼 수 있다. 이 글에서 김석범은 4·3을 다루는 자신의 소설을 가리켜 '픽션'이라고 분명히 밝힌다. 픽션임을 강조함으로써 김석범이 역설하는 바는 역사와 현실에 구애받지 않는 4·3의 다른 측면이다. "나는 4·3의 역사를 쓸 계획이 아니었어. 『화산도』는 역사소설이 아니야"[16]라는

---

15   김석범·김시종, 이경원·오정은 역, 사회과학연구소 편, 『왜 계속 써왔는가 왜 침묵해 왔는가』, 제주대학교출판부, 2007, 171쪽.

말은 『화산도』의 서사적 지향이 어디에 있는지 좀 더 명확히 알려준다. 김석범에게 있어 4·3을 서사화할 때 중요한 문제는 4·3이라는 사건을 돌파해 나가기 위한 서사이지 역사를 그 자체로 재현하는 것에 있지 않다.

그렇다면 4·3을 서사화함으로써 드러나는 가능성이란 무엇인가. 그것은 다름 아닌 4·3을 획일적인 해석으로 환원하지 않고 4·3에 복류하는 다양한 목소리를 해방시킴으로써 생성적 시공간 속에 4·3을 새롭게 배치하는 것이며, 나아가 이 과정을 통해 혁명으로서 출현하는 4·3을 매번 새롭게 발견하는 것이다. 이는 바흐친의 다성적 대화주의가 담지한 소설의 형상과도 겹치는 바, 따라서 이어지는 논의에서는 바흐친의 논의를 참조하여 『화산도』의 서사적 특징을 조명해 보고자 한다.

독립적이며 융합하지 않는 다수의 목소리들과 의식들, 그리고 각기 동등한 권리를 지닌 목소리들의 진정한 다성음악(polyphony)은 실제로 도스또예프스끼 소설의 핵심적 특성이 되고 있다. 그의 작품에서 전개되는 것은 한 작가의 의식에 비친 통일된 객관적 세계의 여러 성격과 운명이 아닌, 동등한 권리와 각자 자신의 세계를 가진 다수의 의식이 비융합성을 간직한 채로 어떤 사건의 통일성 안으로 들어가는 것이다. 예술가 도스또예프스끼의 대표적 주인공은 실제로 그의 창조적 구상 속에서 작가 담론의 객체가 될뿐더러 독자적이고 직접적으로 의미하는 담론의 주체가 되기도 한다. (…) 주인공의 의식은 타인의 의식으로 나타나 있다. 동시에 그 의식은 구상화되어 있지 않고, 닫혀져 있지 않고, 작가

---

16    김석범·김시종, 위의 책, 2007, 172-173쪽.

의식의 단순한 객체가 되고 있지 않다.[17]

바흐친은 도스토예프스키 문학의 특징을 분석하면서 '다성음악'으로 개념화한다. 그에 따르면 다성음악이란 "동등한 권리와 각자 자신의 세계를 가진 다수의 의식이 비융합성을 간직한 채로 어떤 사건의 통일성 안으로 들어가는 것"이며, 이러한 다성음악이 중요한 까닭은 그것이 '사상'을 낳은 형식 원리이기 때문이다. 그랬을 때 다성음악의 전제가 되는 것은 '의식'이며 여기에서의 의식은 현실이라는 객관적 세계 그리고 자기 자신에 대한 인물의 "독특한 시점"[18]을 의미한다.

이상의 논의는 다성적 대화주의에서의 현실과 서사의 관계를 유추해 보기 위한 실마리를 제공하는데, 먼저 다성음악이라는 양식 속에서 구현되는 서사적 세계에 대하여 우리는 그것을 실재하는 객관적 세계 그 자체가 아니라, 인물 그리고 인물을 둘러싼 세계에 대한 인물 자신의 시점 내지는 담론으로 이해할 필요가 있다. 그렇다고 해서 다성음악이 구현하는 세계를 상대주의 내지는 완전한 주관의 세계로 오해해서는 안 된다. 인물의 의식은 자신을 둘러싼 세계와의 지속적인 상호작용 속에서 형성되는 것이기 때문에 인물의 의식 층위에서 구성된 세계는 객관적인 세계의 일부로서 존재한다.

『화산도』의 서사는 확실히 다성음악의 원리에 따라 주조된 것처럼 보이

---

17  미하일 바흐친, 김금식 역, 『도스또예프스끼 시학의 제(諸)문제』, 중앙대학교 출판부, 2011, 8-9쪽.
18  미하일 바흐친, 위의 책, 2011, 59쪽.

는데, 특히 인물의 형상화가 그렇다. 『화산도』의 중심인물인 이방근은 4·3 이라는 당위에는 깊이 공감하지만, 4·3을 주도하는 이들의 모험주의나 권위주의적 태도에는 강력하게 반발하는 인물이다. 한편 이방근을 둘러싼 주변 인물들은 각자 나름의 신념이나 현실판단에 따라 4·3에 투신한다. 이방근과 주변 인물은 그들 자신을 둘러싼 4·3이라는 현실을 각자의 방식으로 받아들이고 소화함으로써 의식을 형성한다. 바흐친의 말을 빌리면 4·3이라는 "대상의 의미는 개인의 입장과 끊임없이 융합"[19]함으로써 의식이 된다. 그리고 이와 같은 인물들의 의식은 4·3이라는 최종화하기 어려운 사태에 대한 입체적 진실에 다름 아니다.

한편 바흐친은 이처럼 인물의 의식을 전제로 다성음악을 구현함으로써 사상이 출현하기를 기대하는데, 구체적으로 그것이 어떠한 방식으로 실현되는지 살펴보자.

작가의 의식은 그 자신과 똑같이 무한하고 완결되지 못한 타인의 동등한 의식을 목전에서 자신과 함께 느끼고 있다. 작가의 의식이 반영하고 재생시켜 주는 것은 객체들의 세계가 아니라, 나름대로의 세계를 간직한 타인의 의식이며, 비완결성 속에 있는 독자적 세계들을 진정으로 재현시켜 준다(바로 이러한 미완결성 속에 그러한 의식의 본질이 있는 것이다). 그러나 타인의 의식을 객체나 사물처럼 관조하고, 분석하고, 정의할 수 없다. 타인의 의식은 오로지 대화적으로만 접할 수 있다. 타인의 의식에 관해 생각한다는 것은 그 의식과 이야기를 나눈다는 것이다.[20]

---

19  미하일 바흐친, 위의 책, 2011, 121쪽.
20  미하일 바흐친, 위의 책, 2011, 89쪽.

사상은 개인의 의식 속에서 존재하는 것이 아니라, 의식들 사이에서 대화적 교류를 하는 것으로서의 상호 개인적이자 상호 주관적이다. 사상은 두 개 혹은 몇 개의 의식이 대화적으로 만나는 지점에서 놀고 있는 살아 있는 사건이다. 이 점에서 사상은 담론과 유사하다. 사상은 담론과 마찬가지로 다른 입장들 다른 목소리들에 의해 들려지고, 이해되고, "응답되기"를 바라고 있다. 사상은 담론처럼 천성이 대화적이다.[21]

바흐친은 의식이라는 개념을 심화하면서 "내적으로 최종화되지 않은 자치적 의식"[22]을 상정하는데, 이때의 의식은 완결된 구조나 형태를 지니지 않으며 완결을 지향하지도 않는다. 의식의 그러한 상태는 말 그대로 미정성(未定性) 내지는 미결성(未決性) 그 자체이다. 그러나 의식만으로는 사상이 출현하기 위한 조건이 성립하지 않는다. 사상은 오직 의식과 의식 사이의 '대화적' 교류 속에서 각각의 의식이 상대의 의식에 영향을 미치는 과정을 통해서만 출현하는데, 이때의 대화란 "절대로 다른 의식의 객체가 되지 않는 몇몇 의식들이 상호작용하는 전체로서 짜여"[23]진 상태를 말한다. 그랬을 때 대화에 참여한 각각의 의식들이 상대적인 자유와 독립성을 누리는 가운데 상호작용하면서 커다란 전체 속에서 조화를 이루는 모습은 여러 성부의 목소리가 어우러져 화음이 되는 다성음악의 형상에 부합한다.

사상 속에는 세계와의 관계를 지속적으로 갱신하며 약동 중인 각각의 자치적 의식들이 양자 혹은 다자간에 대화적 관계를 맺으며 포진해 있다.

---

21 미하일 바흐친, 위의 책, 2011, 114쪽.
22 미하일 바흐친, 위의 책, 2011, 233쪽.
23 미하일 바흐친, 위의 책, 2011, 23쪽.

따라서 사상은 두 개의 혹은 다수의 의식이 대화적으로 만나는 지점에서 생성되는 '살아 있는 사건'으로 이해해야 한다.

한편 다성적 대화는 현실에 존재하는 시공간과 그 형식을 달리하는 "시간과 공간의 새로운 예술적 개념"[24]을 요구하는데, 그것은 "특정한 의미와 가치를 함유하며 일회적으로 현상해서 사라지는, 그러나 이전과는 다른 의미와 가치가 발생하는 현장"[25]의 시공간을 의미하는 크로노토프이다. 크로노토프적 시공간 속 다성적 서사의 세계는 점차 그 복잡성을 더하며 현실의 선형적 시간성에서 탈주해 나름의 세계 지평을 구성하는데, 이는 사상들이 "존재의 형식 자체를 바꾸고 사상의 예술적 이미지로 전환"[26]되는 비약과 더불어 실현된다. 아울러 이러한 비약으로 말미암아 많은 것들이 가능해진다. 특히 서사의 전망이라는 측면에서 괄목할 만한 결과가 도출되는데, 결코 최종화되지 않은 대화 속에서 "동등한 권리를 가진 타인의 자율적 의식을 수용하기 위해 그 의식을 특별히 확장시키고, 심화시키고, 재건시키"[27]는 과정을 통해 "미래의 인간이 끊임없이 대좌 위로 나서는 것"[28]이 가능해지는 것이다.

『화산도』에서는 4·3을 혁명으로 사유하는 과정에서 이상의 내용이 구체적으로 전개된다. 주인공인 이방근은 허무주의적 색채가 짙게 드리워진 인물이며, 그의 허무주의는 4·3을 완벽하게 긍정할 수도 그렇다고 부정할

---

24  미하일 바흐친, 위의 책, 2011, 233쪽.
25  최진석, 『민중과 그로테스크의 문화정치학』, 그린비, 2019, 94쪽.
26  미하일 바흐친, 앞의 책, 2011, 120쪽.
27  미하일 바흐친, 위의 책, 2011, 89-90쪽.
28  미하일 바흐친, 위의 책, 2011, 131쪽.

수도 없는 갈등으로부터 말미암은 것이다. 이처럼 『화산도』는 이방근을 4·3이라는 현실의 의미를 확정 짓지 못해 고뇌하고 방황하는 인물로 형상화하면서 그의 주변에 4·3과 크고 작은 관련을 맺고 있는 여러 인물을 배치한다. 그리하여 이방근과 주변 인물이 4·3에 관해 각론을 펼치며 대결하는 가운데, 4·3의 의미가 확장되고 심화되고 증폭되며 종국에는 '생성'된다. 그랬을 때 4·3은 최종적으로 확정될 수는 없지만 그럼에도 불구하고 그 안에 속한 존재들을 미래의 시간으로 끊임없이 인도하는 힘으로서 출현한다. 이것이 『화산도』가 4·3을 혁명으로 형상화하는 방식이라고 말할 수 있다.

## 3. 혁명의 방법으로서의 대화

『화산도』에서 대화적 상황은 4·3이라는 중심을 둘러싼 형태로 넓고 촘촘하게 포진되어 있다. 이때의 대화는 바흐친이 말하는 "서로가 조명받는 의식들의 세계"[29]라고 할 수 있다. 『화산도』의 서사가 진행되면서 대화에 참여한 개별적 의식이 심화하면 할수록 4·3을 둘러싼 대화적 상황 또한 점차적으로 고조된다. 이러한 대화적 상황의 지속은 4·3을 점층적으로 심화하고 확장하여 혁명으로 정초한다.

『화산도』에서 대화는 혁명을 견인하는 원동력이다. 대화는 4·3을 혁명으로 이끌면서 동시에 『화산도』의 서사를 혁명의 서사로 구체화한다. 또한

---

29 미하일 바흐친, 위의 책, 2011, 127쪽.

대화적 상황에서 발동하는 인물 간의 갈등과 그와 같은 갈등의 조정 과정은 혁명의 사유를 한층 풍성하게 만드는 밑바탕이 된다. 무엇보다 대화적 상황을 통한 4·3의 의미화는 4·3을 둘러싼 담론을 관념의 차원에 머무르게 하지 않고 서사를 뚫고 나와 현실에 영향을 미치는 실질적인 힘으로서 출현하게 한다는 점에서 중요하다. 이 글이 4·3을 혁명으로 사유함에 있어 대화적 상황에 주목하는 이유이다. 이상의 문제의식 아래 이 장에서는 『화산도』의 서사적 특징과 그러한 특징이 어떠한 방식으로 대화적 상황과 어우러져 4·3의 의미화에 기여하는지 살펴보고자 한다.

『화산도』는 4·3 발발 직전부터 5·10 단선의 결과로 남한에 이승만 정부가 들어서고 제주에서는 1948년 11월을 기점으로 중산간지대 초토화 작전이 시작되어 토벌대의 '빨갱이' 소탕이 본격화한 뒤, 토벌대와 게릴라의 무력충돌이 돌이킬 수 없는 국면에 접어든 1949년 6월 중순까지를 서사적 시간대로 설정한다.[30] 그리고 이때 서사를 종결짓는 사건은 주인공인 이방근의 자살이다. 이는 4·3문학의 경향성에 비춰봤을 때 상당히 독특한 점이다. 대부분의 4·3문학이 이른바 '초토화 작전'이라고 하는, 토벌대에 의해 무장대는 물론 양민에 대한 대대적인 학살이 자행되었던 기간동안 제주도민이 겪은 고통을 서사적으로 형상화하는 것에 비해 『화산도』는 무력충돌이 격화한 지점에서 서사를 중단하기 때문이다. 이와 같은 시기 선택의 문제는 개별적인 4·3문학의 지향이 어디 있는지 알려주는 일종의 지표 역할을 하기도 한다. 가령, 많은 4·3문학이 학살이 극에 달했던 시기를

---

30  4·3의 구체적인 타임라인은 『제주 4·3사건 진상조사 보고서』(제주4·3평화재단, 2003) 521-526쪽 참조.

집중적으로 조명하여 무고한 양민(민중)의 수난사를 재현함으로써 고발문학 내지는 저항문학으로 자리매김한 것과 달리『화산도』는 비교적 4·3 발발 초기를 배경으로 하여 수난사의 재현보다는 4·3의 의미화에 서사적 역량을 집중하는 것이다.

이처럼『화산도』가 4·3을 형상화한다고는 하지만, 현실의 4·3이 1948년 4월 3일부터 1954년 9월 21일까지[31] 7년여에 걸쳐 상당히 오랜 기간 지속되었던 것에 비해『화산도』의 경우에는 4·3 발발 직전부터 1949년 6월경까지 4·3이 전개되던 전체 기간 중에서도 극히 초반만을 서사화한다는 특징이 있다.[32] 그런가 하면 소설의 규모 면에서 봤을 때 서사적 시간이 2년여 정도로 그다지 길지 않은 것에 비해『화산도』는 200자 원고지 2만 2천여 매에 달할만큼 그 분량이 무척 방대한데, 그렇게 방대한 지면의 대부분을 사건 전개가 아니라 대화적 상황 속에서 4·3에 대한 인식을 심화하는 데 할애한다는 점이 눈에 띈다.

대화적 상황은 위에서 언급한『화산도』의 서사적 특징들과 긴밀하게 연동되어 있다. 만일 대화적 상황을 고려하지 않는다면 현실의 4·3이 매우 오랫동안 지속되었던 것에 비해 서사를 급하게 매듭짓는 것처럼 보이는 『화산도』를 가리켜 재현의 총체성을 확보하지 못한 서사라고 평가할 수도

---

31  2003년 발표된 정부 보고서인『제주 4·3사건 진상조사 보고서』에 따르면 4·3이 전개된 기간은 4·3의 직접적인 계기로 알려진 1947년 3.1절 발표사건(1947.03.01.)이 일어난 시점부터 한라산 금족령이 해제된 1954년 9월 21일까지이다(『제주 4·3사건 진상조사 보고서』, 제주4·3평화재단위의 보고서, 2003, 521-562쪽).

32  식민지 시기의 일들이 회상의 형식으로 삽입되어 있다는 사실을 고려한다면『화산도』의 서사적 시간이 좀 더 늘어나겠지만, 소설이 현재의 시점으로 다루고 있는 실제 시간대는 본문에서 언급한 그대로이다.

있을 것이다. 그러나 소설이 4·3을 의미화하는 과정에서 사유의 방법론으로서 작동하는 대화적 상황을 염두에 둔다면 다른 해석이 가능하다. 현실의 패배가 거의 확실시되는 소설의 마지막까지 이어지는 대화적 상황으로 말미암아 현실의 패배에도 불구하고 서사적 차원에서는 다른 전망을 제시할 수 있는 사유의 단초를 확보할 수 있기 때문이다. 이상을 염두에 두고서 이방근, 남승지, 양준오 사이에서 펼쳐지는 대화적 상황에 주목하고, 이 대화적 상황 속에서 4·3을 혁명으로 정초하는 사유가 어떠한 방식으로 전개되는지 구체적으로 살펴보자.

항간에 게릴라와 군이 협상을 위해 비밀리에 접촉을 시도하고 있다는 소문이 퍼지면서 사람들 사이에 4·3이 평화적으로 종결될지도 모른다는 기대가 한껏 부풀어 오른 시점에 무장대에 협력하는 문제를 둘러싸고 이방근, 남승지, 양준오 세 사람의 대화가 수 페이지에 걸쳐 길게 펼쳐진다.[33] 이때의 대화적 상황은 현실에서의 자유를 추구하는 방식에 관해 서로 다른 해석을 가지고 있는 이방근과 양준오의 대화가 먼저 전개되고, 뒤이어 합류한 남승지가 무장대와 거리를 두는 이방근에게 현실의 절박함을 호소하면서 무장대 활동에 적극적으로 참여하지 않는 이방근의 태도를 문제 삼자 이에 대해 이방근이 자신의 생각을 이야기하는 방식으로 전개된다. 그랬을 때 연속된 두 대화적 상황을 통해 앞서 전개된 이방근과 양준오의 대화에서 쟁점이 되었던 현실 참여라는 문제가 이방근과 남승지의 대화에서는 좀 더 첨예하고 논쟁적인 방식으로 심화한다는 것을 확인할 수 있다.

---

33  김석범, 김학동·김환기 역, 『화산도』 5권, 보고사, 2015, 307-334쪽 참조.

이 글이 이상의 대화 장면을 특별히 주목하는 까닭은 각기 4·3에 관여하고 있는 정도가 다른 세 사람의 입장과 견해가 맞부딪히는 과정에서 4·3을 혁명으로 사유할 때 반드시 짚고 넘어가야만 하는 문제적 지점이 선명하게 부각되기 때문이다. 대화가 꽤 길기 때문에 이 글에서는 각각의 상황을 대표할 수 있는 대목을 압축적으로 인용한다.

### [대화 1]

**이방근** : "그야, 쓸 데야 얼마든지 있겠지. 쓸 데를, 즉 사용할 목적이 있어서 재산을 처리하려는 게 아니야. 재산을 처리하는 일 그 자체가 목적이니까, 쓸 곳은 저절로 생길 것이고, 그건 나중 문제야……." (5권. 312쪽)

**양준오** : "……사상이 아니라 현실의 문제가 되고 보면, 그 실현까지는 여러 가지로 복잡한 일이 생길 겁니다. 그러나 그 실현은 그야 말로 진정한 사상입니다. 그래도 저는 아까운 생각이 듭니다. 그걸 내던지지 말고 자신의 소유를 지키면서 좀 더 힘으로 전화해서 사용할 수 있는 길이 있지 않을까 생각하는데요. 소유로부터의 자유가 아니라, 소유한 채로의 자유……. 어쨌든 실제 문제에 있어서는 간단하지 않습니다." (5권. 314-315쪽)

**이방근** : "그래, 자네는 지금, 소유로부터의 자유를 소유한 채로의 자유라고……, 변증법을 이야기했는데, 그건 훌륭한 논리야, 그러나 그 점이 나와 다른 점이기도 하지. 그럼, 다른 것은 당연하지, 자네는 '갖지 못한 자'이니까. (…) 무(無)라고나 할까, 그에 대한 실천의 첫걸음, 물리적인 무의 실현, 출가하지 않고 실천할 수 있는 하나의 방법이라고나 할까……." (5권. 315쪽)

**【대화 2】**

**이방근** : "당이야말로, 공산주의자야말로, 절대 진리의 구현자라고 하는 인식. 그걸 인정하지 않는 자는 이단, 정의가 아닌 악이라는 사고. (…) '혁명'이라는 관념 앞에서는 아무 생각을 하지 않아도 되는, 그리고 자신을 용서할 수가 있는, 그 자율적이지 못한 정신을 말하는 거야. (…) '공산주의자'들은 자신의 관념과 조직에 대한 관념 안에 신을 만들어 내지." (5권. 325쪽)

**남승지** : "지금 우리들의 눈앞에서……, 우리 조선에서, 고향인 제주도에서 혁명적인 사태가 발생했어요, 이것은 관념이 아니라 현실입니다. 미 제국주의와 이승만 파시스트 권력의 지배에 저항하는 인민이 피를 흘리며 들고 일어선 것이 바로 현실입니다. 지금 이 섬에서 게릴라 투쟁이 진행되고 있으니까요. 우리는 그 속에 있습니다." (5권. 328쪽)

**이방근** : "아까부터 현실이라든가 실천이라는 말을 하고 있는데, 현실의 민중 속으로 들어가 실천 활동을 하고 있으면서 어찌 그러는가, 이상하구만, 현실은 관념이 아니니까 교조를 부숴 버릴 수 있는 힘이 있어. 현실 속에서 싸우고 있으면서 왜 좀 더 탄력적인 사고를 하지 못하나?" (5권. 330쪽)

【대화 1】에서 이방근은 양준오에게 자신을 구속하는 재산을 모두 처분하여 '자유'를 도모하겠다는 다소 뜬금없는 계획을 털어놓는다. 이방근의 재산은 그가 내면에 허무주의를 품게 된 원인 중 하나인 과거 친일파이자 현재는 친 이승만파인 아버지의 치부 내력과 깊이 연루되어 있으며, 그렇

기 때문에 이방근의 그러한 판단은 일면 타당하다. 또한 돈의 일반적인 속성을 생각해 보아도 그것이 인간을 구속하는 세속적 굴레가 될 수 있다는 점을 고려한다면 이방근의 재산 처분은 실존적인 차원에서 자유를 추구하려는 것이라고도 이해할 수 있다. 하지만 현실적인 면을 생각한다면 이방근의 생각은 돈의 현실적인 유용성을 고려하지 않은 이상에 불과하다. 그러한 까닭에 양준오는 이방근의 계획이 현실보다는 관념에 치우쳐 있다는 사실을 지적하면서 소유한 채로의 자유를 추구할 방안을 모색해 볼 수는 없느냐고 반문한다.

이처럼 재산처분이라는 문제를 두고 자유와 현실에 관해 논하는 이방근과 양준오의 다소 추상적이고 관념적인 대화는 이방근과 남승지의 대화에 이르러 4·3이라는 구체적인 현실 문제 속에서 재점화한다. 【대화 2】에서 남승지는 이방근에게 어째서 혁명에 적극적으로 동참하지 않느냐고 따져 묻는다. 그러자 이방근은 그에 대한 답변으로 혁명이라는 명분 아래 인간의 생명을 함부로 앗아가는 당조직의 처사를 신랄하게 비판한다. 또한 이념만이 가치판단의 유일한 척도가 되어 당조직이 제시하는 방향성에 동의하지 않을 경우 이단으로 치부하는 배타적이고 경직된 분위기를 비판하기도 한다. 이는 혁명을 등에 업고 위세를 떨치는 당조직에 대한 직접적인 비판이면서 혁명의 완수를 위해서라면 인간의 자율적인 정신마저도 제한할 수 있다고 확신하는 혁명 일반에 내포한 전체주의적인 신념 체계를 비판하는 것에 다름 아니다. 이처럼 혁명의 절대화, 신격화, 우상화, 권력화에 대하여 인간의 자유로운 정신을 수호하는 이방근의 언어를 통해 앞서 이방근과 양준오의 대화에서 언급되었던 자유의 문제가 다른 차원에서 다시 한 번 조명되는 것이다.

한편 남승지는 제주도의 현실을 언급하며 미국의 제국주의와 파시스트적인 이승만 정권에 피 흘리며 저항하는 인민들의 현실을 외면해서는 안 된다고 강조한다. 그러자 이방근은 현실 속에서 싸우고 있다면서 어째서 탄력적인 사고를 하지 못하냐고 되묻는다. 남승지는 이방근의 말을 당에 대한 비판으로 받아들이고서는 이방근을 향해 당은 부정하면서 "당이 지도하는 혁명 투쟁을 부정하지 않는 것은 역시 모순이 아닌가요?"(5권. 326쪽)라고 따져 묻는다. 이에 이방근이 "과연 그렇군……, 논리로 따지자면 그렇게 되는군. 그러나 그건 억지 논리이기도 하지. 동무는 그런 모순이 있으면 안 된다는 건가? 현실적으로는 자주 그런 모순이 있기 마련이고, 그래서 또 현실은 발전해 가는 거지"(5장. 326쪽)라고 답변하는데, 이는 혁명에 대한 이방근의 인식을 드러내는 발언이면서 동시에 이방근이 몰두하고 있는 현실과 자유의 균형문제에 대하여 그것을 돌파하기 위한 방법론을 제시해 주기에 주목할 필요가 있다.

이방근은 혁명이라는 시대적 당위 앞에서 자신의 역할을 의식하면서도 자유의 추구라는 본질적 욕망만은 끝내 포기할 수 없다는 딜레마에 직면하여 갈등과 고뇌를 거듭한다. 그러던 그가 대의를 추구하는 과정에서 발생하는 모순은 과정의 일부이며, 그러한 모순이야말로 현실을 추동하는 원리라는 사유에 도달한다. 그리고 그 배경에는 양준오, 남승지와의 대화적 상황이 과정으로서 존재하고 있다.

서사가 전개됨에 따라 이러한 사유는 여러 대화적 상황 속에서 반복 변주되고 더불어 다양한 방식으로 조명되다가 서사 말미에 이르러 한일호 구입이라는 방식으로 구체화한다. 한일호란 이방근이 자신의 전재산을 털어 구입한 배인데, 이방근은 이 배에 하산한 게릴라들을 태워 일본으로 밀항시킨다는 계획을 세우고 실제로 그렇게 해서 많은 사람의 목숨을 구한다. 이를 통해 혁명의 관념적 측면과 현실적 측면 사이의 화해가 시도되며, 나아가 혁명을 통한 자유와 함께 개인의 자유를 모색하는 사유가 실험된다. 요컨대 이방근은 한일호 구입으로 재산을 처분함으로써 실존적 자유를 추구하고자 했던 자신의 신념을 관철하고, 산에서 도망쳐 온 사람들의 생명을 구함으로써 인간의 생명을 최우선으로 삼아야 한다는 가치를 실천할 뿐만 아니라 그 과정에서 상황을 이 지경으로 몰고 온 당의 책임까지 추궁하는 것이다. 이처럼 대화적 상황을 거치며 4·3은 풍부한 혁명의 이미지 속에서 그 의미가 심화한다.

『화산도』는 독자적인 방식으로 혁명을 수행하는 이방근의 모습을 통해 새로운 혁명의 이미지를 창조한다. 하지만 이방근을 통해 정초되는 혁명의 이미지는 한편으로 현실의 혁명이 패배에 가까워진 시점에서 시도되는 몸부림처럼 보이기도 한다. 그러한 점에서 『화산도』가 형상화하는 혁명은 논란의 여지를 품고 있는데, 이처럼 의미의 면에서 보면 여전히 미완인 까닭에 『화산도』의 서사는 형식적으로는 완결되었음에도 불구하고 여전히 대화적 상황을 향해 개방되어 있다. 또한 이러한 대화적 상황이 가져온 개방성 속에서 4·3은 지나가 버린 과거의 사건이 아니라 의미화가 진행 중인 현재의 사건으로서 현실의 우리를 대화에 초대한다. 말하자면 대화적 상황이 서사 바깥의 지금-여기로 확장되는 것인데, 우리는 이 지점에 이르러 『화산도』가 열어놓은 대화적 상황에 접속함으로써 혁명의 주체로 거듭

나는 새로운 공동체에 관해 생각해 볼 수 있게 되는 것이다.

## 4. 카니발적 형상으로서의 『화산도』의 혁명

『화산도』는 무장항쟁의 패배가 거의 확실시되는 상황에서 주인공인 이방근의 자살로 결말을 맺는다. 그랬을 때 죽음은 명백한 절망의 표현으로 보이기도 한다. 더욱이 이방근이 자살하는 시점의 현실을 고려하면 이방근의 죽음은 한층 더 무장항쟁의 실패를 시인하는 것처럼 보이는데, 그의 죽음을 경계로 남한의 정치는 혁명 의지만으로는 더 이상 어떻게 해 볼 도리가 없을 정도로 이승만 세력 쪽으로 기울어 버리기 때문이다. 5·10 단선 저지를 기치로 삼았던 4·3이기에 남한의 단독정부 수립을 기점으로 혁명의 가장 큰 동기를 잃어버리게 된 것이다. 더욱이 남한의 초대 대통령인 이승만은 반공을 국시로 하여 불안정한 권력의 안정화를 꾀했는데, 그 가운데 반공 이데올로기를 강화했다. 또한 비슷한 시기에 많은 사람들이 기대를 걸었던 반민족행위특별조사위원회가 폐지되면서 식민지 과거청산의 기대마저 수포로 돌아갔다. 이상의 상황이 혼란스럽게 전개되는 가운데, 대한민국이라는 국민국가의 구성적 외부가 된 제주도는 '빨갱이 섬'으로 몰려 국가폭력의 표적이 되었으며, 군경에 의한 학살이 본격화한 뒤로는 육지로부터 고립되어 희망의 불씨를 찾아보기 힘든 지경에 이르렀다. 이처럼 이방근을 자살을 앞두고 상황은 파국으로 치닫는다.

4·3을 혁명으로 추인했던 『화산도』는 이처럼 현실의 4·3이 파탄으로 치닫는 상황 속에서 서사를 종결한다. 『화산도』는 왜 하필 패배가 명백해

진 이 시점에 그것도 자살이라는 극단적인 방식으로 서사를 종결한 것일까? 4·3에 대한 『화산도』의 입장과 태도는 무엇인가? 질문들이 끊이지 않는 가운데, 더욱이 죽음이라는 비극적 사태와 어울리지 않게 어딘지 모르게 밝고 긍정적이기까지 한 『화산도』의 마지막 장면은 이상의 질문들을 한층 더 복잡하고 난해하게 만든다.

동굴 앞으로 돌아온 이방근은 길가의 돌 위에 앉아서, 몇 개의 오름 무리가 솟아 있는, 초록과 불탄 자리가 얼굴을 이룬 고원 경사면의 드넓은 공간을 바라보았다. 여기서는 배후의 절벽 그늘이라 한라산은 보이지 않았다. 아득히 눈 아래로 성내의 칙칙한 읍내 모습이 나지막하게 펼쳐져 있었다. 오른쪽 산지 언덕으로부터 서서히 솟아오른 사라봉 너머는 깍아지른 절벽 아래로 바다다.
살육자들이 승리자로서 서울로 개선한 뒤, 폐허의 광야를 가로질러 가는 바람 속에 허무가 있는가. 섬을 뒤덮은 시체가 허무를 부정한다. 죽음의 폐허에 허무는 없는 것이다. 아득한 고원의, 보다 저 멀리, 초여름의 햇볕에 반짝이는 부동의 바다가 보였다.
파란 허공에 총성이 울렸다. (12권. 370쪽)

『화산도』의 마지막 장면은 죽음을 종말 혹은 패배로 간주하는 일반적인 해석에 저항하듯 어두운 분위기를 피하고 있다. 무참한 살육이 휩쓸고 간 현장임에도 푸른 바다, 검은 돌, 깍아지르는 절벽, 봉긋하게 솟아오른 오름, 넓게 펼쳐진 초록 언덕 등 한결같이 생명의 이미지로 충만한 제주도의 자연을 앞에 두고, 인간의 죽음 또한 생과 사를 반복하며 끊임없이 생성하는 장대한 생명의 순환적 질서 한복판에서 새로운 국면으로 접어든다. 죽음이 종말의 순간이 아닌 부활을 기약하는 과정의 일부가 되는 전환이 발생하는 것이다.

그러한 까닭에 이방근은 제주도의 자연을 바라보며 "폐허의 광야를 가로질러 가는 바람 속에 허무가 있는가"라고 질문한다. 초여름의 햇볕을 맞으며 누워있던 시체들이 답한다. "죽음의 폐허에 허무는 없는 것이다"라고. 여기서 드러나는 또 한 가지는 죽은 이들이 살다간 삶의 시간이 현재의 시간 속에 잉여로서 잠재할 것이라는 사실이다. 현실에서는 "살육자들이 승리자로서 서울로 개선"하고 죽은 자들은 공적 기억에서 그 존재가 희미해지지만, 망자를 애도하고 기억하는 이들에게 죽은 이의 시간은 부정한 현실과 싸우며 스스로를 산화하던 바로 그 순간에 고정된 것으로 인식된다. 그리고 이처럼 현실의 선형적 시간성에서 벗어난 죽은 이의 시간성은 기회가 될 때마다 산자의 삶과 현실을 향해 범람해 온다.

이처럼 죽음에서 부활로 전화하는 과정에서 현실의 선형적 시간에 대하여 예외적 순간을 창출하는 『화산도』의 마지막 장면은 바흐친이 "카니발적 형상들 속에서 죽음 자체가 수태되어 출산에 이르지만, 출산의 모태는 무덤이 된다"[34]라고 설명했던 카니발적 형상을 떠오르게 한다. 카니발적 세계관에서 죽음과 생명의 고정된 위상은 전복되며, 그 가운데 죽음을 최후의 종말이 아닌 가능성을 담지한 미래로서 파악하는 전망이 출현하는데, 두 개의 양극단이 전환되는 이러한 위상학적 변동 혹은 이행 속에서 부활

---

34    미하일 바흐친, 앞의 책, 2011, 217쪽.

로서의 혁명 이미지가 출현하는 것이다.

> 카니발적 삶이란 통념적인 궤도에서 벗어난 삶이며, 어느 한도에서는 '뒤집혀진 삶', '거꾸로 된 세상(monde à l'envers)'이다. 카니발이 벌어질 때면 일상적 생활의 질서와 체계를 규정짓는 구속, 금기, 법칙들이 제거된다. 무엇보다 먼저 위계질서와 거기에 관련된 공포, 공경, 경건, 예절 등의 형식이 제거된다. 즉 사회적·계급적 불평들이나 (연령의 차이를 포함해) 그 밖의 불평등과 연관된 모든 것이 제거됨을 말한다. 또 사람들 사이에 놓여 있는 거리도 모두 제거되고 카니발적 특유의 카테고리인 자유롭고 스스럼없는 사람들 간의 접촉이 효력을 발생하게 된다.[35]

위의 인용은 카니발의 대표적인 이미지에 관한 서술이다. '뒤집혀진 삶', '거꾸로 된 세상'이라는 구체적인 이미지로 제시되는 역전과 전복은 카니발의 형식적 특성을 가장 잘 드러내는 표현이다. 혁명을 "두 항이 상호 전화를 이루는 결정적인 순간들에 대한 기록들"[36]이라고 한다면 일상적 생활의 질서와 체계가 뒤바뀌고, 기존의 위계질서가 전복되며, 온갖 사회적, 계급적 불평등에 대한 고발이 이루어지는 카니발의 현장은 혁명의 형상으로서 매우 구체적이고 생생한 이미지를 구현한다고 볼 수 있다.

한편 『화산도』에서 이러한 카니발의 형상은 지극히 서사적인 방식을 통해 구체화하는데, 이하에서는 『화산도』의 서사가 전개되는 과정에서 카니발의 형상이 어떠한 방식으로 출현하는지 조명해 보고자 한다. 나아가

---

35  미하일 바흐친, 위의 책, 2011, 161쪽.
36  최진석, 앞의 책, 2019, 415쪽.

카니발의 형상으로서 출현한 혁명이 어떠한 과정을 거쳐 도래할 공동체를 부르는 시학으로서 작동하는지 살펴보고자 한다.

『화산도』의 대화적 상황이 정초한 혁명은 이방근의 죽음-자살이라는 최후의 사태 속에서 비로소 그 모습을 드러낸다. 그런데 대화적 상황 속에서 죽음은 "삶을 최종화시키거나, 삶을 해석하는 의미를 전혀 가질 수 없"[37]다. 더욱이 대화적 상황을 고려한다면, 대화가 갑작스럽게 단절되는 상황인 죽음은 생의 완성이나 종결이 아니라 오히려 "삶에 나타난 위기와 급전(急轉)"으로 이해되어야 한다. 이러한 상황에서는 형식적으로는 결말에 이르렀음에도 불구하고 "내적으로는 미완결된 상태로 남아 있"[38]게 되는 역설이 발생한다.

특히나 여러 죽음의 형태 중에서도 자살은 삶에서 죽음으로 넘어가는 문턱을 가장 빠르게 넘어가는 죽음이며, 그렇기에 그 어떤 죽음의 형태보다 급작스럽고 느닷없이 찾아오는 죽음이라고 할 수 있다. 요컨대 자살은 삶에 나타난 위기와 급전을 드러내는 수많은 사건 중에서도 가장 극적이고 선명한 사건인 것이다. 여기에 대화적 상황까지 고려하면 자살을 실행하기 바로 직전까지 자살이라는 사건을 둘러싸고 극도로 첨예화한 대화적 상황이 전개되었으리라는 사실을 어렵지 않게 짐작할 수 있다. 아울러 대화적 상황이 최고조에 이른 상태에서 자살로 인해 그러한 대화적 상황이 중단되었을 때 대화를 통해 생성된 서사적 가능성이 자살이라는 사건을 중심으로 응집되리라는 점 또한 충분히 예상 가능하다.

---

37   미하일 바흐친, 앞의 책, 2011, 95쪽.
38   미하일 바흐친, 앞의 책, 2011, 95쪽.

자살은 대화적 상황과 대화적 상황이 추동한 서사적 가능성 및 에너지를 가장 큰 폭으로 증대시키는 사건이면서 다른 한편으로 이상의 것들을 가장 폭력적이고 극단적인 방식으로 중단해버리는 사건이다. 자살이라는 죽음의 형태는 비록 그것이 형식 면에서 최종에 수렴한다고 하더라도 의미 면에서는 삶의 최종적 의미를 담보하기는커녕 삶에 대한 의문을 최대한으로 확장한다는 점에서 "안정을 보장하는 내적 기반을 상실한"[39] 미완의 상태라고 볼 수 있다.

『화산도』에서 이상의 문제는 이방근이 4·28 평화회담을 결렬시킨 정세용과 유달현을 처단하는 문제적 상황 속에서 펼쳐진다. 이방근은 4·3을 평화적으로 종결하기 위한 유일한 현실적 가능성이었던 4·28 평화회담이 결렬되도록 훼방을 놓은 것이 정세용과 유달현이라는 사실을 알게 되고, 그들을 자신의 손으로 처단하기로 결심한다. 하지만 그렇게 할 경우 문제가 발생하는데, 자유와 생명을 근간으로 하는 이방근의 윤리 감각이 심각하게 훼손되는 것이다.

> 왜, 놈들을 죽일 수 없는가. 왜 계속 살해당하는데도 죽일 수 없는가. 무력함 이외의 아무것도 아니다. 죽이는 것이 무서운 것이다. '정당방위'라는 법률적 용어도 있지 않은가. 살생, 죽여서는 안 된다, 죽이는 것은 살해를 당하는 것과 같은 것……. 이방근은 참으로 운이 좋아서, 비유적으로 말하면 너무나도 자유롭기에, 살해를 당해도 좋다고 하는 면이 있다고 생각한다. 너무나도 부자유한 사람은 그 사람을 죽일 권리가 있는

---

**39** 미하일 바흐친, 앞의 책, 2011, 221쪽.

것이 아닐까 하고……. 남승지여, 내가 자유롭다는 것은 결국 방자하고
제멋대로라는 것이겠지. 그것은 자유가 아니다. 그래, 틀림없이 너무나
자유로워 타자를 침해할 수 있는 인간은 역설적으로 살해를 당할 '자유'
를 가져야겠지. 그러기 위해서는 살해를 당하는 것이 자유라고 의식하는
위대한 정신과 감정이 필요하다. 가장 부자유한 인간이 있어서, 내가
자유롭기 때문에 죽인다고 한다면, 난 살해를 당해도 좋다. 그게 순리에
맞다. 하지만 자유는 그게 아니다. 타자를 지배하지 않고, 자신 안에 지배
할 필요가 없는, 권력을 추구할 필요가 없는 자유의 힘을 가진다. 살인은
자유가 아니다. 자유를 알기 때문에 자살한다. 인간은 남을 죽이기 전에
적어도 동시에 자신을 죽이지 않으면 안 된다. 즉 자살할 수 있는 인간은
살인을 하지 않는다. 따라서 가장 자유로운 인간은 남을 죽여 타자를
침해하는 짓을 하지 않을 것이다. 죽이기 전에 스스로를 죽이는, 결국
자살하는 것이기 때문에. (12권. 143-144쪽)

정세용을 살해한다는 계획을 세운 이방근은 살인을 앞두고 타자를 살해
하는 것이 과연 정당한지 스스로에게 묻는다. 이방근의 관념 속에서 대화
적 상황이 맹렬하게 전개되는 가운데 "살인은 자유가 아니다. 자유를 알기
때문에 자살한다. (…) 자살할 수 있는 인간은 살인을 하지 않는다"로 수렴
하는 이방근의 사유는 자유와 생명이라는 두 개의 가치 사이에서 균형을
잡기 위해 고투해 왔던 그간의 노력에 대한 일종의 결산이라고 할 수 있다.
하지만 이러한 결론은 매우 논쟁적인데, 타인을 죽이지 않기 위해 자살하
는 것은 자신의 생명을 희생해 사태를 해결한다는 점에서 불완전한 해결책
에 불과하기 때문이다. 비록 그러한 선택이 자유로운 정신을 따른 것이었

다고 하더라도 그 과정에서 또 다른 가치인 생명이 훼손되었다면 정당하다고 평가하기 어렵다. 이처럼 자유와 자살이라는 주제를 둘러싸고 대화적 상황의 갈등과 긴장이 정점으로 치닫고 그 가운데 또 다른 대화적 상황이 개입할 수 있는 조건이 갖추어진다. 하지만 이방근의 자살로 이와 같은 대화적 상황의 연쇄가 갑작스럽게 중단되고, 그와 더불어 대화적 상황이 추동해 온 파토스 또한 최고조로 팽창한 상태에서 정지하고 만다.

이처럼 대화가 클라이막스에 도달하는 순간, 그리하여 모든 가능성이 최대로 만개한 순간 이방근은 그 가능성을 품은 채로 자살한다. 가능성은 최대가 되지만 그것은 아직 가치가 증명되지 않은 미지의 가능성이다. 이상의 맥락에서 자살은 서사가 진행되는 동안 축적된 서사적 가능성 및 에너지를 회수하여 그것을 자살이라는 서사의 가장 극적인 부분에 대한 해석과 사유로 전환하게끔 하는 서사적 장치라고 이해할 수 있다.

서사의 에너지가 죽음이라는 특정 시점에 응축되면서 서사의 곳곳에 흩어져 있던 대화적 상황들도 자살이라는 사건을 중심으로 재조직된다. 자살이 외형상 종결의 형식임에도 불구하고 내적으로는 그 어느 때보다 충실한 대화로 북적이는 이유이다. 아울러 자살이라는 죽음의 형태는 일견 슬픔과 비애의 정조가 흘러넘치는 것처럼 보이지만, 내적으로는 비밀스러운 충동과 생기가 넘치는 충만한 상태인 까닭도 같은 이유 때문이다.

카니발의 이미지가 가장 선명해지는 것도 바로 이 국면에 이르러서이다. 이방근의 자살은 이처럼 기존의 질서에 대하여 "교체와 갱생을 요구하고, 모든 것은 최종화 되지 않은 전의(轉移)의 순간"[40]이라고 하는 카니발적 선언을 동반한다. 하지만 그러한 선언을 서사 안에서 확인해 보거나 증명해

보일 수는 없는데, 그 까닭은 서사가 이미 종결된 상태이기 때문이다. 바로 이러한 상황에서 대화적 상황을 서사 바깥으로 확장해야만 한다는 요청이 새삼스럽게 제기되는 것이다.

『화산도』는 4·3을 혁명으로 사유함에 있어 사상적 중핵을 이루는 자유와 생명에 관한 대화를 매듭짓지 않은 상태로 서사를 종결한다. 그럼으로써 『화산도』는 서사 바깥으로까지 대화적 상황을 확장하는데, 바로 이것이 4·3을 혁명으로 정초하는 『화산도』의 사유가 카니발적 형상을 경유해 도래할 공동체를 부르는 시학으로서 작동하는 방식이다. 이는 결코 추상적인 차원의 얘기가 아니다. 지나온 역사를 돌아보건대 우리는 혁명의 연대 속에서 4·3의 의미가 거듭 새롭게 정의되었던 다양한 순간들을 얼마든지 알고 있다. 사십여 년 전 5월의 광주가 4·3을 불렀을 때 4·3은 과거의 심연으로부터 박차고 올라 국가폭력에 저항한 혁명으로서 그 부름에 응답했으며, 그 과정에서 4·3을 혁명으로 정초하는 사유 또한 그 깊이와 폭이 확장되었다. 카니발의 형상으로서 출현하는 4·3은 이처럼 과거로부터 비상하여 현재와 접속하는 방식으로 우리와 조우해 왔으며, 앞으로도 조우할 것임에 틀림없다.

## 5. 나가며 : 미완의 혁명, 이제 우리들의 시간이다

『화산도』는 4·3의 의미를 결산하여 그것에 단일한 얼굴을 부여하려고

---

40　미하일 바흐친, 앞의 책, 2011, 221쪽.

하지 않는다. 『화산도』의 주된 관심은 4·3에서 발화한 혁명의 불씨를 지금, 이곳으로 옮기는 것이다. 그런 의미에서 『화산도』의 4·3은 과거의 복간이 아니다. 『화산도』는 내용이나 형식 면에서는 결말이 있지만, 마지막 책장이 덮이는 순간까지도 4·3의 의미만은 여전히 미결인 채로 남아있다. 『화산도』의 서사는 4·3을 관성적으로 재현하거나 그것에 특정한 맥락을 부여하려고 하지 않는다. 그 대신 마르지 않고 복류하는 4·3의 혁명적 잠재력을 드러내고자 한다.

이처럼 『화산도』가 4·3을 조명하는 방식은 김석범이 "4·3은 지나간, 눈물 흘리는 추도제만으로 넘어갈 수 있는 과거사가 아니며, 아주 절박한 현대적, 역사적 과업으로 제기된다. 4·3은 아직 끝나지 않았으며 그것이 오히려 새로운 출발점이 될 것"[41]이라고 말할 때의 그 4·3의 형상과 동형으로 포개진다. 요컨대 미래를 향해 열린 새로운 가능성이자 출발점으로서의 4·3이다.

4·3이라는 현실로 육박해 들어가는 과정에서 인물들이 느끼는 고뇌와 갈등을 통해 우리는 시대와 역사를 구체적인 실감의 차원에서 재인식한다. 한편 『화산도』가 그리는 4·3은 인간의 실존이라는 철학적이고 보편적인 주제와 매우 긴밀하게 연동되어 있다. 예를 들어 『화산도』의 주요 모티브 중 하나인 '살인과 자유'라는 테마는 "20세기 문학의 보편적인 테마"[42]이기도 하다.

---

41  김석범, 「기억은 생명이다-기억의 죽음과 부활」, 『가톨릭 평론』 제14호, 우리신학연구소, 2018, 16-17쪽.

42  김석범, 「화산도와 나」, 고명철·김동윤 외, 『김석범X김시종』, 보고사, 2021, 153쪽.

20세기 문학의 보편적인 테마가 살인과 자유(인류의 영원한 테마), 우리들에게 사람이 사람을 죽일 권리가 있는가? 왜 살인을 하고 그 후처리는 어떻게 하느냐. 자유로운 인간은 타자, 다른 사람을 죽이지 않는다. 그 전에 자기 자신을 죽이는 즉 자살을 한다. 이방근의 사상입니다. (…) 아무튼 이방근의 살인과 불가분의 자살은 4·3 학살 터의 극한 상황을 한층 더 두드러지게 표출하는 문학적 역할을 하고 있습니다. 도대체 4·3의 학살 터에서의 사람의 생사는 무엇인가. 살아서 죽은 사람. 어떻게 생사를 가리는가. 죽음이 무엇이며 삶은 무엇인가. 살아남은 자 남승지와 한대용은 그들 속에서 죽은 자 이방근의 숨겨진 혁명 정신을 이어받아서 앞으로 나아갈 길을 다지게 됩니다. 죽은 자는 생자, 산자 속에 산다. 이것은 인류적인 전 인간적인 기억의 문제이며, 그것이 인류의 역사입니다.[43]

이상에서 인용된 작가의 말을 통해 우리는 살인과 자유라는 테마를 둘러싸고 소설의 문제의식이 인간에 대한 실존적 물음으로 발전하고, 나아가 역사를 바라보는 관점으로까지 점층적으로 확장하는 것을 확인할 수 있다. 이렇듯 『화산도』의 서사는 4·3이라는 사건을 중심으로 인간이 직면한 실존적 한계를 직시하고 나아가 그것을 돌파할 수 있는 사상적/실천적 방법론을 심도 있게 탐색한다. 아울러 그러한 과정 속에서 새로운 존재로 거듭나는 인간의 형상을 묘파함으로써 자기갱신이라는 혁명의 보편적 측면을 드러낸다.

그런 의미에서 『화산도』가 그리는 4·3은 정치적이고 사회적인 불의에

---

**43** 김석범, 위의 글, 2021, 153-154쪽.

맞서 전복을 꾀하는 혁명일 뿐만 아니라 한 인간의 존재론적 근원에 접속해 그를 변화시키는 사상과 실천까지도 포함하는 혁명으로서 그 모습을 드러낸다. 『화산도』에서 혁명은 부당한 시대/역사에 대한 투쟁과 저항이라는 측면과 한 인간의 실존적 탐색이라는 측면이 의미나 가치 면에서 모두 중요하다. 이러한 사실은 『화산도』의 4·3이 구체성을 경유하여 보편성으로 나아갈 수 있음을 시사한다.

『화산도』의 4·3이 담보하는 혁명의 보편성은 우리로 하여금 4·3을 사유함으로써 인간의 실존을 훼손하려는 부당한 시도에 맞서 치열하게 분투했던 역사의 다른 시공간과 함께 연대하도록 한다. 『화산도』가 혁명으로서 정초한 4·3은 대만의 2·28, 오키나와 전쟁, 베트남 전쟁, 한국의 광주 민주화 항쟁 등에 대하여 역사의 부조리에 맞서 싸운 투쟁의 자리에 서서 함께 연대한다.

그렇기에 거듭 말할 수 있다. 4·3은 혁명이다. 계속해서 도래할 혁명이며 현재에 충실한 혁명이다. 또한 개개인의 구체적인 삶 속에 펼쳐진 혁명이며 나아가 보편적인 차원에서 인간의 실존을 다시 쓰는 혁명이다.

# 참고문헌

## 1. 기본자료

김석범, 「기억은 생명이다-기억의 죽음과 부활」, 『가톨릭 평론』 제14호, 우리신학연구
    소, 2018.
김석범, 김환기·김학동 역, 『화산도』 1-12, 보고사, 2015.
김석범·김시종, 문경수 편, 『왜 계속 써왔는가 왜 침묵해 왔는가』, 제주대학교출판부,
    2007.

## 2. 논문

권성우, 「김석범의 『火山島』에 나타난 '친일' 비판의 의미」, 『국제한인문학연구』 제17
    호, 국제한인문학회, 2017.
김동윤, 「4·3문학의 문제인식」, 제주작가회의 엮음, 『역사적 진실과 문학적 진실』,
    각, 2004.
김동윤, 「서평 : 소설에서 추적한 제주4·3과 한국현대사-나카무라 후쿠지의 『김석범
    '화산도' 읽기』(삼인, 2001)」, 『제주도연구』 제20호, 제주학회, 2001.
김재용, 「폭력과 권력, 그리고 민중—4·3문학, 그 안팎의 저항적 목소리」, 역사문제연
    구소·제주4·3연구소 외 편, 『제주 4·3 연구』, 역사비평사, 1999.

## 3. 단행본 및 보고서

『제주4·3사건 진상조사보고서』 Ⅰ, 제주4·3평화재단, 2003.
나카무라 후쿠지, 표세만·최범순 외 역, 『김석범 화산도 읽기』, 삼인, 2001.
미하일 바흐친, 김금식 역, 『도스또예프스끼 시학의 제(諸)문제』, 중앙대학교 출판부,
    2011.
제주4·3연구소, 『이제사 말햄수다』, 한울, 1989.
최진석, 『민중과 그로테스크의 문화정치학』, 그린비, 2018.
고명철·김동윤 외, 『김석범X김시종』, 보고사, 2021.

# 저자 소개

## 정영수

조선대학교 인문학연구원 HK연구교수.
조선대학교 철학과를 졸업하고 전남대학교 철학과에서 박사 학위를 취득했다. 조선대학교 철학과 강사, 전남대학교 철학과 강사, 전남대학교 철학과 BKPLUS 횡단현철학전문인력양성 사업단 학술연구교수를 역임했다. 저서로는 『재난시대의 철학』(공저), 『유학의 개척자들』(공저), 『호남유학의 개척자들』(공저), 『중국철학사』(공저), 『돈효록』(공역), 『이정외서』(공역), 『결국은 논어』(역서) 등이 있고, 논문으로는 「악(樂)에 의한 감정조율」, 「순자의 자연관을 통해 본 재난 인식」, 「저항적 주체 형성의 동인으로서 인(仁)」 외 다수가 있다.

## 정소라

조선대학교 강사. 철학 연구자. 인문활동가.
연구자이자 활동가의 정체성을 가지고 공부하고 있다. 주 관심분야는 '다원주의와 의사소통'이다. 다양한 문화를 존중하면서도 갈등 상황을 해소할 수 있는 방안에 관심이 많다. 『아렌트 정치철학의 자연주의적 해석』(2021)으로 전남대학교에서 철학박사학위를 받았으며, 연구 논문 「아렌트 정치판단이론의 실용주의적 해석」(2015), 「다원주의와 의사소통 : 하버마스에서 듀이로」(2015), 「가다머 해석학의 실용주의적 읽기」(2016), 「사회적 약자를 위한 '차이의 정치'와 '소통적 민주주의' : 한나 아렌트와 아이리스 영을 중심으로」(2022), 「탈진실 시대의 이미지 조작과 다원적 소통 : 한나 아렌트의 정치 철학을 중심으로」(2022)를 썼다. '인문학으로 영화 읽기'라는 동아리를 만들어 활동하고, 그 경험을 바탕으로 다양한 사람들과 만나고 소통하고 있다.

## 조난주

전남대학교 철학과 박사과정 수료.
현대 프랑스 철학을 공부하고 있다. 살만한 삶의 가능성을 빼앗는 현실을 비판하고 그 가능성을 실현시키기 위한 이론을 탐구하는 데 관심이 많다. 최근에 쓴 글로는 「담론적 실천으로서 파레시아」(2020), 「코비드19시대의 인권과 생명권력」(2022)이 있다. 요즘에는 목소리를 빼앗긴 이들의 연대 가능성에 대해 사유하고 있다.

## 김명훈

교원대학교 국어교육과 조교수.
한국현대소설을 연구하고 강의한다. 최근에는 1980년대의 다양한 글쓰기 양식을 공부 중이다. 「'학살은 재현될 수 있는가'라는 질문을 역사화하기」, 「광주, 그리고 우리에 관하여」 등의 논문이 있다.

## 한순미

조선대학교 인문학연구원 HK교수.
주요 논저로는 『다초점 렌즈로서 재난인문학』(2022), 『격리 — 낙인 — 추방의 문화 사 : 한센병 계몽 잡지 《새빛(The Vision)》과 한국문학』(2022), 「치유 의례로서의 접 속 : 트라우마의 감각적 재현」(2023) 등이 있다.

## 김주선

조선대학교 인문학연구원 HK연구교수.
국가폭력을 비롯한 재난적 사건의 문학적 재현 양상에 관심을 두고 있다. 저서로 『무 한텍스트로서의 5·18』(공저)과 「임철우 초기 중·단편 소설 연구 — 역사적 폭력에 대한 트라우마적 기억을 중심으로」 등의 논문이 있다.

## 장은애

국민대학교 국어국문학과 박사과정 수료.
4·3, 자이니치, 페미니즘, 일본군 위안부, 마이너리티 등의 주제에 관심을 두고 공부하 고 있다. 논문으로는 「사할린 이동서사로 본 재일(在日)의 심상경관 — 이회성 『백년동 안의 나그네』를 중심으로」, 「번역본 『화산도』의 판본 비교 연구」, 「『화산도』의 여성주 의적 독해 — 여성 목소리의 시작점과 합류점을 찾아서」가 있다.